NOTIONS ÉLÉMENTAIRES

DE

GRAMMAIRE COMPARÉE

IMPRIMERIE DE CH. LAHURE (ANCIENNE MAISON CRAPELET)
rue de Vaugirard, 9, près de l'Odéon

NOTIONS ÉLÉMENTAIRES

DE

GRAMMAIRE COMPARÉE

POUR SERVIR A L'ÉTUDE

DES TROIS LANGUES CLASSIQUES

conformément au nouveau programme officiel

PAR E. EGGER

Professeur suppléant à la Faculté des Lettres
et maître de conférences à l'École Normale supérieure

PARIS

AUGUSTE DURAND, LIBRAIRE

RUE DES GRÈS, 5

1852

[illegible]

[illegible]

[illegible]

[illegible]

[illegible]

[illegible]

[illegible]

[illegible]

PARIS

[illegible]

[illegible]

PRÉFACE.

Jusqu'à notre temps les études grammaticales ont été uniquement considérées comme une préparation aux études littéraires. C'est là, sans doute, leur première utilité; mais ce n'est pas la seule. Il semble, en effet, que la grammaire a sa valeur propre et qu'elle constitue par elle-même une véritable science, digne d'occuper sa place dans l'enseignement libéral. On peut étudier les chefs-d'œuvre d'une langue en vue des nobles plaisirs du goût, et cette étude méritera toujours le premier rang dans l'éducation du cœur et de l'esprit; mais on peut étudier aussi les mots et les formes grammaticales comme autant de faits ou de phénomènes qui ont leur loi secrète dans la nature même de notre intelligence. Une langue ne vit pas seulement dans les chefs-d'œuvre de l'éloquence et de la poésie; elle vit encore dans l'usage populaire et journalier; reflétant le génie du peuple qui la parle, elle se développe, se perfectionne avec lui, et reçoit tour à tour l'empreinte de sa prospérité ou de ses misères. A ce point de vue, n'eût-elle jamais produit un Homère, un Virgile ou un Racine, elle demanderait encore une place dans l'histoire à côté des événements et des faits dont se compose la vie d'une nation.

L'intérêt de telles études s'augmente encore, si, au lieu de considérer un seul idiome, on en rapproche plusieurs pour observer leur marche à travers le temps, pour saisir leur affinité ou leur dissemblance originelle, pour marquer tantôt le point où ils se séparent d'un tronc commun, tantôt celui où ils se réunissent et se confondent; pour reconnaître enfin dans cette histoire des mots l'histoire même des races humaines et de leurs migrations ou de leurs transformations séculaires.

Telle est la pensée féconde qui, de nos jours, a étendu et renouvelé le champ de la science grammaticale. Sous cette inspiration, la théoric comparative des langues a pris depuis cinquante ans un remarquable essor. Les résultats généraux qu'elle a obtenus sont hors de proportion avec les convenances et les besoins de l'enseignement élémentaire ; mais elle a des règles d'analyse et quelques principes qu'il est possible de faire comprendre sans un grand appareil d'érudition, en les appliquant à un groupe d'idiomes choisis dans la même famille. Ainsi la comparaison du grec, du latin et du français, simplement exposée, peut n'excéder ni les dimensions d'un manuel classique, ni la portée naturelle des jeunes esprits auxquels on le destine.

De tout temps rapprochées dans le plan de nos études classiques, les langues grecque, latine et française, n'y sont pourtant pas l'objet d'une analyse méthodique qui en montre bien les rapports et les différences. Dans cette partie de l'enseignement, il faut que le zèle des professeurs supplée au défaut d'une méthode commune, en s'aidant, tout au plus, de quelques indications répandues dans les grammaires grecques et dans les grammaires latines. Les ouvrages récemment écrits pour répondre à ce besoin d'une étude comparative des langues classiques, n'ont pas eu tout le succès désirable. Cela tient, je crois, à ce que les auteurs de ces livres n'ont pas assez bien limité leur tâche. D'abord, en s'imposant de rédiger, comme sur deux séries parallèles, les règles de la grammaire grecque et de la grammaire latine, ils en ont fort exagéré les ressemblances; et, d'autre part, ils ont flatté leurs lecteurs d'une espérance trompeuse en offrant leur nouvelle méthode comme un soulagement pour la mémoire. Enseigner à la fois le grec et le latin aux enfants dans la même grammaire, ce n'est pas moins leur enseigner deux langues parfaitement distinctes l'une de l'autre; quoique réunies sur la même page, en deux colonnes parallèles, la déclinaison de λόγος et celle de *dominus*, la conjugaison de τιμῶ et celle de *amo* n'exigent pas moins de peine pour être apprises par cœur. D'ailleurs, ce rapprochement perpétuel a l'inconvénient d'accréditer une erreur : il semble, à voir tant de symétrie, que le latin soit une copie de la langue grecque, assimilée à son modèle par un art savant et toujours heureux; tandis que ces langues sont seulement deux sœurs, issues de la même mère à une époque inconnue, longtemps étrangères l'une à l'autre dans leur développement particulier, et qui ne se rapprochent qu'assez tard par suite de la soumission de la Grèce aux Romains. D'un autre côté, dans les livres dont je parle, le français est presque toujours négligé pour les deux langues anciennes. Nos élèves ont trop peu d'occasions de pénétrer le mécanisme simple et facile de leur langue nationale, d'en expliquer par l'étymologie beaucoup d'irrégularités apparentes, d'en apprécier le vrai caractère.

Je voudrais ici tenter une autre voie, celle même qu'indique le nouveau programme arrêté par M. le Ministre de l'Instruction publique. Laissant aux grammaires particulières le soin d'enseigner chacune des trois langues classiques, et supposant cette connaissance déjà acquise, en partie du moins, par les enfants, je cherche seulement à les diriger dans la comparaison des trois grammaires, à rassembler sous une seule vue les faits qui montrent le mieux les rapports intimes des trois idiomes classiques; à distinguer dans leurs ressemblances la part des affinités originelles et celle des imitations réfléchies; à dégager de ces analyses quelques principes généraux, quelques aperçus historiques sur le développement des langues et leurs génies divers, principalement sur le génie de notre langue nationale. A vrai dire, ce ne sera guère qu'éveiller le besoin de recherches plus étendues, et toucher à des problèmes que nous ne pourrons pas toujours résoudre. Rien n'est difficile, en général, comme de marquer avec précision le point où finissent les éléments d'une science et celui où commence la haute théorie. Les éléments mêmes de la philosophie du langage comprennent aujourd'hui quelques idées, d'acquisition récente, que j'ai voulu exposer, s'il m'était possible, avec clarté et simplicité, sans leur rien faire perdre de leur justesse, et sans inspirer à mes jeunes lecteurs un sentiment d'ambitieuse présomption. D'ailleurs, l'abus de la science aurait eu ici un autre danger. Les formules savantes découragent et rebutent la jeunesse plus encore qu'elles ne l'égarent. Il ne fallait pas, en visant trop haut, compromettre le succès d'une innovation utile.

J'ai tâché de me renfermer, à cet égard, dans une réserve sévère. A peine ai-je introduit dans ce manuel quelques expressions avec lesquelles les élèves ne fussent pas familiarisés dès leurs premières études, et encore ces expressions sont-elles expliquées avec un soin scrupuleux. Quant à la synonymie grecque et latine des principaux termes de grammaire, elle a surtout pour objet de montrer aux enfants que presque tous ces termes nous viennent des Grecs par l'intermédiaire des Latins. Quelques courtes digressions que je me suis permises[1] touchent au domaine des langues étrangères et en particulier de celles qui sont enseignées dans nos établissements publics; ces dernières surtout, sans être

---

[1] La plupart de ces digressions sont imprimées en plus petit caractères, pour marquer qu'elles ne sont pas destinées à servir de lecture aux commençants.

formellement comprises dans notre cadre, y confinaient par plusieurs points, et nous offraient l'occasion de rapprochements utiles. Les professeurs de langues modernes ne regretteront pas, je pense, que la curiosité des élèves ait été d'avance éveillée sur des questions intéressantes qu'il leur appartiendra de développer, s'ils le jugent convenable. Même en ce qui concerne le propre sujet de ce manuel, j'ai souvent signalé certaines études pleines d'intérêt, sans en épuiser le détail, qui eût été fort long, et je me suis confié aux maîtres pour compléter, selon le besoin de leurs élèves, des leçons dont ils ne trouveront ici que les premières lignes.

Sur quelques questions, j'ai dû exposer des vues qui, sans m'être tout à fait personnelles, contredisent l'opinion commune de nos grammairiens français; à cet égard aussi, j'espère beaucoup dans la raison impartiale de mes collègues; ils m'aideront à corriger quelques erreurs, à combattre sans bruit quelques préjugés incompatibles avec les derniers résultats obtenus dans l'étude comparative des langues. Pour justifier mes principales assertions et pour offrir moi-même un moyen de contrôle à ceux qui les voudront discuter, j'ai cru devoir ajouter à mon travail d'assez longues notes, presque toutes bibliographiques. Ces notes rappelleront des livres déjà connus, mais un peu oubliés, ou feront connaître des travaux plus récents et moins populaires en France; elles sont d'ailleurs, sauf de rares exceptions, rejetées à la fin du volume, pour n'en point gêner la lecture et pour n'en point altérer le caractère de simplicité pratique.

L'ordre suivi dans le programme, et par conséquent dans cet ouvrage, pourra ne pas sembler à tous les lecteurs le plus rigoureux qu'il fût possible de suivre. Mais on voudra bien remarquer que, en fait de grammaire, toutes les questions se tiennent en quelque sorte et se pénètrent l'une l'autre, sans être assujetties à un ordre mathématique. Il y a donc telle partie du premier chapitre qui sera mieux comprise quand on aura lu les suivants; et tel des derniers chapitres, s'il avait été placé au commencement du livre, aurait eu besoin à son tour, pour être bien saisi, de la lumière répandue dans les autres. C'est là un inconvénient qui semble inséparable de toute exposition d'une science fondée sur l'observation des faits. Peut-être n'aura-t-on pas trop à s'en plaindre, si, en définitive, les notions résumées dans ce manuel forment, à la fin du cours grammatical, un ensemble clair et bien lié dans l'esprit des élèves.

Un tel livre d'ailleurs, par sa nature et selon la pensée même de M. le Ministre de l'Instruction publique qui a bien voulu m'encourager à l'écrire, n'est point le texte d'un cours proprement dit; il est seulement destiné à diriger l'esprit pendant les études de grammaire et à résumer le souvenir de ces études durant le cours d'humanités. Les professeurs seront donc libres d'en faire lire les différentes parties à leurs élèves, dans l'ordre et dans la mesure qui leur paraîtront le plus convenables.

Le premier essai en toutes choses atteint raremen[t]
la perfection. Quoique je n'aie pas abordé ce travai[l]
sans une assez longue expérience de l'enseignemen[t]
auquel il est destiné, je suis loin de m'être satisfai[t]
moi-même dans l'exécution, qui d'ailleurs a dû êtr[e]
bien rapide. Mais si le modeste manuel que j'offre [à]
mes collègues n'atteint pas du premier coup le bu[t]
qu'il se propose, il y parviendra peut-être en s'amé[-]
liorant par les efforts communs de l'auteur et de[s]
personnes qui voudront bien lui transmettre leur[s]
critiques et leurs conseils.

Paris, 15 octobre 1852.

NOTIONS ÉLÉMENTAIRES

DE

GRAMMAIRE COMPARÉE.

INTRODUCTION.

DÉFINITIONS ET NOTIONS HISTORIQUES.

§ 1ᵉʳ. Grammaire particulière. — Grammaire générale. — Grammaire universelle. — Philologie comparative ou comparée. — Linguistique.

1. La grammaire d'une langue est l'ensemble des règles suivies dans cette langue pour l'expression des sentiments et des idées.

Lorsque l'on compare les *grammaires particulières* de plusieurs langues, l'une avec l'autre, on s'aperçoit qu'elles présentent un certain nombre de procédés communs; par exemple, elles ont toutes des mots qu'on appelle *verbes*, et qui marquent l'action faite par un sujet, ou l'état de ce sujet; des mots qu'on appelle *noms*, et qui expriment l'idée du sujet, etc. Ces procédés communs composent la *grammaire générale* des langues que l'on a comparées.

Si l'on pouvait comparer toutes les langues qui se parlent ou se sont parlées sur le globe, les règles que l'on trouverait en usage dans toutes ces langues

1

formeraient une grammaire, à proprement dire, *universelle*.

Mais plus on avance dans l'étude des langues, plus on voit diminuer le nombre de ces procédés qui leur sont communs à toutes; et quoi que l'on doive espérer des recherches qui se continuent sur ce vaste sujet, l'état actuel de nos connaissances ne permet pas d'écrire une *grammaire universelle*.

Cependant, par un abus de langage, d'ailleurs assez excusable, ces mots de *grammaire générale* ou *grammaire universelle* ont été souvent employés, et le sont encore, comme synonymes, pour désigner les règles de grammaire que l'on trouve dans le plus grand nombre des langues connues [1].

II. Quand on compare les mots et les formes grammaticales en usage dans plusieurs langues, pour en montrer les ressemblances et les différences, on fait ce qui s'appelle de la *grammaire* ou *philologie comparative* ou *comparée*, ou encore de la *linguistique*. Par exemple, si je montre que les noms français terminés en *ment*, comme *monument, firmament*, viennent de mots latins qui ont la même racine avec une terminaison en *mentum : monumentum, firmamentum;* si je montre que la conjugaison des verbes actifs grecs en ω ressemble par beaucoup de ses terminaisons à celle des verbes actifs latins; si je rapproche ὄϊς de *ovis,* ὤόν de *ovum,* etc.; dans tous ces cas, je fais des comparaisons purement philologiques, c'est-à-dire qui ne portent que sur la constitution matérielle des mots.

Il est évident que les deux sortes d'études que nous venons de définir ne peuvent guère être séparées, et qu'elles se prêtent un mutuel secours. C'est en comparant les *formes* des mots dans plusieurs langues, que l'on aperçoit la différence ou la ressemblance des procédés que ces langues appliquent à l'expression de la pensée. Par exemple, les grammairiens ont observé que les noms ont, en grec, en latin et en allemand, un certain nombre de terminaisons régulièrement variables, qui leur servent pour exprimer, outre l'idée principale d'une personne ou d'une chose, celle d'un rapport entre les personnes et les choses. L'ensemble de ces désinences s'appelle *déclinaison*, et constitue un procédé commun aux trois langues que nous avons citées.

III. Nous allons, dans ce livre, analyser comparativement les principales *formes grammaticales* du grec, du latin et du français, pour en déduire les *procédés grammaticaux* en usage dans ces trois langues; et par quelques autres rapprochements nous nous élèverons peu à peu jusqu'à des principes dont l'application est générale dans presque toutes les langues de l'ancien continent. Ainsi, sans nous égarer dans les plus difficiles recherches de la science grammaticale, nous apprécierons l'importance de cette étude, et l'utilité qu'elle peut offrir pour l'histoire des peuples et de leur littérature [2].

Une raison particulière nous intéresse à étudier comparativement, comme nous l'allons faire, la méthode grammaticale des langues grecque, latine et française : c'est que les Grecs sont les premiers qui, dans l'ancien monde, aient ainsi analysé les procédés du langage, distingué les diverses parties du discours, telles que le *nom*, le *verbe*, etc., et que la grammaire transmise par eux aux Latins est, à peu de chose près, celle qui·s'enseigne encore aujourd'hui dans nos écoles. Notre travail nous fournit donc l'occasion de rapporter à leurs véritables inventeurs beaucoup d'idées et de découvertes dont nous profitons aujourd'hui, sans savoir assez bien à qui nous les devons [3].

§ 2. Notions historiques sur l'origine des trois langues grecque, latine et française.

Les langues nombreuses qui se parlent sur la terre se divisent en groupes et en familles, comme les nombreuses nations qui peuplent le globe se divisent en races.

Le grec, le latin et le français, ainsi que les langues slaves et celtiques, l'allemand et l'anglais, l'italien, le portugais et l'espagnol, font partie de la grande famille de langues qu'on appelle ordinairement indo-européennes ou indo-germaniques, pour marquer d'un seul mot les principales contrées où ces langues ont pris leur développement.

Le français appartient à cette classe secondaire de langues qu'on appelle quelquefois les langues *néo-latines*, parce qu'elles sont toutes nées de la corruption du latin après la chute de l'empire romain, comme l'italien, l'espagnol, le portugais, le valaque. Le français dérive, presque en totalité, du latin transformé par les nations chrétiennes et barbares qui occupèrent le sol de la Gaule entre la chute de l'empire romain et l'époque carlovingienne. On le voit apparaître, d'une manière assez distincte, vers le ixe siècle. Il s'est, depuis ce temps, beaucoup modifié, beaucoup enrichi ; il a surtout fait beaucoup d'emprunts au latin et au grec pour s'approprier mieux aux divers besoins de la littérature ou de la science; mais, aux yeux du grammairien, notre langue existe depuis neuf siècles environ, avec ses principaux caractères, sur le sol où elle règne encore aujourd'hui.

Le latin, considéré dans son ensemble, ne dérive pas directement du grec; mais il s'y rattache sans aucun doute par deux espèces de ressemblance : d'abord, parce qu'il est, comme le grec, soit directement, soit indirectement, originaire d'une langue asiatique, du plus ancien idiome de la race indienne, qui a fourni à presque toutes les langues de l'Europe leurs racines et leurs formes grammaticales; ensuite, parce que, depuis la conquête de la Grèce par les Romains, ceux-ci ont emprunté à la langue grecque un grand nombre de mots pour enrichir et embellir leur propre langue.

Le grec enfin est descendu, à une époque que l'on ne peut déterminer avec précision, de cet antique idiome de la haute Asie, auquel le latin doit aussi son origine, et qu'on retrouve aujourd'hui : d'une part, chez les Indiens, dans les monuments de la littérature *sanskrite*; de l'autre, chez les Perses, sous le nom de langue *zende*, dans ce qui reste des livres religieux de Zoroastre.

C'est par une analyse exacte des mots de ces divers idiomes, des formes grammaticales qui leur sont communes et de celles qui sont particulières à chacun d'eux, que l'on a démontré avec certitude ces faits si importants pour l'histoire de la grande famille de peuples à laquelle nous appartenons [1].

CHAPITRE PREMIER.

DES LETTRES ET DE L'ALPHABET, DES SYLLABES, DES MOTS
ET DE LA PHRASE.

On entend par phrase (φράσις, de φράζομαι) un ensemble de mots concourant à exprimer un ensemble d'idées. Les mots se composent de syllabes, les syllabes de lettres; la réunion des lettres en usage pour l'écriture d'une langue s'appelle alphabet. Les lettres s'appelaient chez les Grecs στοιχεῖα, et, chez les Latins, *elementa*, quand on voulait exprimer le *son* élémentaire; pour marquer le signe de ce son dans l'écriture, on employait en grec le mot γράμμα, et en latin le mot *littera*, d'où est venu notre mot français *lettre*. En grec ancien, l'alphabet est désigné par le mot γραμματική, en latin par *litteratura*. Ἀλφάβητος est un mot de date plus moderne.

Toutes ces notions sont assez familières à nos lecteurs pour qu'il nous suffise de les rappeler ici. Mais l'analyse et la comparaison des trois alphabets, grec, latin et français, mérite une attention particulière.

L'alphabet grec est d'origine phénicienne, c'est-à-dire qu'il a été transmis aux Grecs par un peuple dont la langue n'a presque aucun rapport avec l'idiome hellénique. Cependant les seize lettres primitives, celles que les Grecs eux-mêmes ont appelées phéniciennes, φοινικικὰ ou φοινικεῖα γράμματα, ou cadméennes du nom de Cadmus qui passait pour les leur avoir apportées, ont suffi à exprimer les principaux sons de leur langue. Les lettres qu'on y a depuis ajoutées représentent moins des sons nouveaux que des combinaisons entre les sons élémentaires déjà exprimés par d'autres lettres. Par exemple, le X répond aux sons combinés de KH; le Ξ répond à ΧΣ ou ΚΣ, etc.

Au reste, l'alphabet grec a varié non-seulement selon les temps, mais encore selon les pays. Celui qui nous est le plus familier est l'alphabet ionien, dont l'emploi fut consacré, en Attique, pour les actes officiels depuis l'an 403 avant notre ère, sous l'archontat d'un certain Euclide; encore faut-il remarquer que nous n'en connaissons pas la forme *cursive*, mais seulement la forme usitée pour les inscriptions des monuments. Nous reviendrons plus bas, en parlant de l'orthographe, sur les variations de l'écriture grecque.

L'alphabet latin est évidemment de même origine que l'alphabet grec; mais il se rapproche moins de l'alphabet en usage après l'archontat d'Euclide que de l'alphabet cadméen, soit pour la forme, soit pour le nombre des lettres.

Par exemple, la lettre L des Latins se trouve ordinairement écrite ainsi ᴠ sur les monuments grecs avant Euclide, tandis que plus tard elle s'est renversée, ᴧ, comme nous l'écrivons aujourd'hui.

Le digamma ou double gamma, ⊢, signe d'une aspiration très-douce, qui était fréquente chez les Éoliens, ne paraît à aucune époque dans l'alphabet attique, et pourtant il a, comme chiffre, dans l'usage ordinaire, (ϛ), la valeur *six* qui répond à sa place, la sixième dans l'ancien alphabet grec, comme dans l'alphabet latin où il joue le rôle d'une véritable lettre : F.

Un autre signe d'aspiration, H, qui disparaît peu à peu sur les monuments à partir d'Euclide, est aussi resté, et comme une véritable lettre, dans l'alphabet latin.

Le *coph* phénicien, qui, sous le nom de *coppa* ϙ n'a conservé qu'une valeur numérique dans l'écriture attique, se retrouve comme lettre usuelle dans l'alphabet latin : Q.

Outre ces ressemblances originelles, l'alphabet latin s'est rapproché du grec par des emprunts de date plus récente. C'est ainsi qu'il s'est approprié le ζ et le υ—*z* et *y* [5].

Ici comme ailleurs, dans les comparaisons que nous allons faire, il faut distinguer soigneusement ce qui est dû à une affinité primitive et ce qui vient du travail des grammairiens postérieurs. Les grammairiens latins ont contribué à perfectionner et à compléter l'alphabet de leur langue, en y transportant des lettres grecques, comme les grands écrivains ont contribué à enrichir cette langue elle-même, en y transportant des mots d'Homère ou de Platon. On comprend que ces innovations ne prouvent en rien l'origine commune des deux alphabets et des deux langues. Cela deviendra de plus en plus clair dans la suite de notre examen.

[A ce propos, on fera bien encore de noter en passant que les deux alphabets nous sont très-inégalement connus. Dès le vi[e] siècle avant notre ère les inscriptions grecques abondent sur les monuments, et dès lors elles nous offrent, siècle par siècle, une ample variété de formes et de caractères. Au contraire, les monuments latins ne commencent pour nous que vers le milieu du iiie siècle avant notre ère, et jusqu'au siècle d'Auguste ils sont d'une extrême rareté. Cette absence complète ou cette rareté des documents nous prive de beaucoup de lumières sur l'histoire de la langue et de l'écriture chez les Romains [6].]

Quant à l'alphabet français, il n'est autre que l'alphabet latin de l'époque impériale, modifié, mais non défiguré par un usage de plusieurs siècles. On ne peut douter, d'ailleurs, qu'il n'ait été transmis, par l'effet de la conquête romaine et de la propagation du christianisme, à tous les peuples de l'Occident civilisé.

A les comparer dans leur ensemble, ces trois alphabets ont, dans nos grammaires, à peu près, le même nombre de lettres; mais c'est là une coïncidence fortuite. Le plus rapide examen fait voir que chacun d'eux possède des sons et des lettres qui manquent aux deux autres. Certaines lettres font double emploi, comme en latin le *c* et le *k;* en français, dans beaucoup de mots, le *g* et le *j.*

En général, l'alphabet s'efforce de répondre exactement aux sons élémentaires en usage dans la prononciation d'une langue; mais il est bien rare que cet effort ait tout le succès que l'on peut désirer. Des trois alphabets que nous examinons, l'alphabet grec, qui est le plus ancien, est en même temps le plus régulièrement composé. Il y manque cependant des signes qui pourraient être utiles dans l'écriture. Il a deux lettres pour chacun des sons *e* et *o*, suivant qu'on doit les prononcer brefs ou longs; il n'a qu'une seule lettre pour chacun des sons *a*, *i*, *u*, de quelque façon qu'ils doivent être prononcés.

Il y a aussi des lettres et des groupes de lettres qui, sans changer dans l'écriture, ont pris un son différent; par exemple, le *g* et le *ch* latin n'avaient certainement pas chez les Romains le son qu'ils ont pris après la conquête de l'Europe par les barbares, et qu'ils ont aujourd'hui en français.

[Ceci nous conduit à remarquer que la prononciation des trois langues classiques, surtout celle des deux langues anciennes, ayant beaucoup varié selon les temps et les lieux, les mêmes lettres sont bien loin de répondre toujours aux mêmes sons. Prenons un exemple qui nous aidera à montrer quels sont sur ce sujet les principes d'une bonne critique.

Les Grecs d'aujourd'hui pensent volontiers que leur manière de prononcer le grec ancien est conforme à celle des anciens Hellènes, et ils la défendent avec ardeur contre les diverses prononciations usitées dans les écoles de l'Occident. Mais on peut leur montrer, par des preuves irrécusables, qu'ils se trompent sur plusieurs points. Ainsi, au temps d'Auguste, le grec Denys d'Halicarnasse donne sur la prononciation des voyelles des règles très-claires, qui contredisent l'usage moderne de prononcer η et υ comme un simple ἰῶτα [1].

D'un autre côté, des savants de l'Occident ont fait prévaloir, comme uniquement vraie, la prononciation à laquelle sont habitués les élèves de nos colléges. On peut leur montrer que, surtout pour les consonnes, elle est contraire aux usages de l'antiquité. Ainsi le θ et le χ grecs étaient certainement des lettres aspirées, très-distinctes à ce titre du τ et du κ avec lesquels nous les confondons aujourd'hui.

Sur ce sujet, tout système absolu est par là même erroné. Si l'on ne veut pas admettre la prononciation du grec, aujourd'hui consacrée par l'usage en Orient, et si l'on tient à remonter aux anciens, ce qu'il faut rechercher, ce n'est pas *la prononciation ancienne* en général, qui n'est, à vrai dire, qu'une chimère, mais la prononciation en usage dans telle ou telle contrée de la Grèce, à telle ou telle époque de l'antiquité [8].]

CHAPITRE II.

DE L'ACCENT, DE LA QUANTITÉ, DE L'ASPIRATION.

§ 1er. De l'Accent.

Outre le son qui leur est particulier, les lettres et les syllabes sont sujettes à divers changements dans la prononciation.

Le son de la lettre *e* n'est pas le même dans les trois syllabes du mot λέγετε, ou du mot *vetere* ou du mot *élevé* (a). De ces trois *e* il y en a un qui est *accentué*, c'est-à-dire prononcé avec plus de force, avec

---

(a) J'ai dû, pour respecter les usages de notre orthographe, mettre ici un accent sur la première syllabe du mot *élevé*, parce que l'*é* de cette première syllabe est ce que l'on appelle un *é fermé*; mais les lecteurs devront bien remarquer que ces *accents* de l'orthographe française ne représentent plus, si ce n'est par accident (comme sur la dernière syllabe de *élevé*) le véritable accent tonique de la prononciation; ils sont chez nous employés à un tout autre usage que chez les Grecs et les Latins.

une certaine intonation que les Grecs appellent τόνος ou προσῳδία, et les Latins *accentus*, d'où sont venus le mot français *accent* et la locution *accent tonique*.

Supposons, dans les mots ci-dessus, que les trois *e* soient émis avec la même intensité : λέγέτέ, *vétéré*, *élévé* ; supposons une ligne ou plusieurs lignes dans lesquelles toutes les syllabes soient ainsi prononcées avec le même accent, rien ne sera plus fatigant pour l'oreille. Il en serait de même, si aucune syllabe n'était accentuée et si toutes étaient également faibles. Au contraire, dans un mot de plusieurs syllabes où une syllabe est accentuée, tandis que les autres ne le sont pas, ces dernières se subordonnent à la syllabe qui porte l'accent : au lieu de l'uniformité qui nous choquait tout à l'heure, le mot prend une sorte d'unité.

On comprend maintenant pourquoi tout peuple, tant soit peu sensible à l'harmonie du langage, donne aux mots de sa langue une certaine variété d'accent.

Les Grecs, en effet, comme les Latins, ont un accent qui s'appelle tour à tour : *aigu*, lorsqu'il a toute son intensité ; *grave*, lorsqu'il est un peu affaibli ; *circonflexe*, lorsqu'il paraît double et qu'il porte sur une syllabe longue. Quant aux syllabes susceptibles d'être accentuées, on sait que les Grecs permettent à l'accent trois positions différentes : la dernière syllabe du mot, la pénultième et l'antépénultième. Les Latins ne lui en permettent que deux, sauf dans certaines exceptions. Or, ici se montre une preuve nouvelle de l'affinité du grec et du latin ; car les Éoliens, l'une des plus anciennes branches, sinon la plus ancienne branche de la famille hellénique, suivaient, pour l'accent, les mêmes règles que la langue latine[9].

[C'est dans des traités spéciaux qu'il faut chercher le détail de ces règles pour chacune des deux langues. Celles de l'accent grec nous sont beaucoup plus familières que celles de l'accent latin, parce que, même dans l'antiquité, il ne paraît pas qu'il fût d'usage, chez les Romains, d'accentuer les manuscrits, sinon quelques manuscrits de luxe, dont aucun, par malheur, n'est parvenu jusqu'à nous. Les signes d'accentuation que portent quelques inscriptions latines, y sont [etés avec une telle négligence qu'il est difficile d'y voir autre chose qu'une sorte d'ornement pour plaire à la vue [10]. Mais Quintilien et Priscien, pour ne citer que les principaux auteurs, ont résumé en quelques chapitres les règles essentielles de l'accentuation latine [11]. On peut, après les avoir lus, et en s'aidant des ressemblances que nous venons de signaler avec l'accentuation éolienne, accentuer aujourd'hui un texte de Cicéron ou de Virgile comme auraient fait ces auteurs eux-mêmes ; et il y a lieu de s'étonner que les éditeurs modernes n'aient pas songé à faire, au moins pour quelques textes latins, ce qui se fait pour tous les textes grecs, en les accompagnant des signes authentiques de l'ancien accent.

Les accents qu'on trouve dans plusieurs de nos grammaires latines et de nos livres élémentaires, n'ont pour objet que de distinguer des mots d'ailleurs semblables, comme *musa* au nominatif et *musá* à l'ablatif. Ils n'ont rien de commun avec l'accent dont nous parlons.

Comme l'accent latin, l'accent français n'affecte que deux places dans le mot ; mais ce ne sont pas les mêmes places : il porte toujours sur la dernière syllabe quand elle est pleinement prononcée, ou sur l'avant-dernière quand la dernière a un *e* muet ; en d'autres termes, il relève toujours la dernière syllabe forte du mot.

C'est là, il faut l'avouer, un défaut de variété très-réel, mais que les bons écrivains savent compenser, même en vers, par l'habile disposition des phrases ; nous y sommes d'ailleurs si bien habitués, qu'il ne nous choque point, et que nous appliquons presque toujours notre accent à la prononciation des mots grecs et latins, sans songer que par là nous faisons tort à l'harmonie de ces deux langues.

Au reste, la règle de l'accent français s'explique sans difficulté par l'origine purement latine du plus grand nombre des mots qui composent notre langue. Dans *aimer*, *finir*, la syllabe accentuée est celle même qui l'était dans *amáre*, *finíre;* seulement par la suppression de la finale *e*, l'accent se trouve occuper la dernière syllabe au lieu de la pénultième. La même observation se peut faire sur les adjectifs *amábilis-aimable*, *sensíbilis-sensible*, *fórtis-fort*. Les substantifs *monuméntum* et *documéntum* forment de même *monument*, *document;* *douleur* et *labeur* reproduisent l'accent non pas de *dólor*, *lábor*, mais de *dolórem*, *labórem;* car ces mots français viennent de l'accusatif du mot latin correspondant, et non pas de son nominatif, comme on le démontre par des preuves qu'il ne convient pas de développer ici.

Une fois appliquée dans le plus grand nombre des mots, cette loi s'est naturellement étendue aux mots même qui, dans notre langue, ne dérivaient pas de celle des Romains : *reître*, mot d'origine allemande, *alcóve*, *koran*, mots d'origine arabe, *budget*, mot emprunté aux Anglais, etc.

[Remarquons, à ce sujet, que dans l'altération séculaire des mots la syllabe accentuée est toujours celle qui résiste le plus; les autres, précisément parce que la prononciation en est moins forte, tendent à s'affaiblir encore ou même à disparaître : or, l'accent latin ne portant pas d'ordinaire sur les dernières syllabes, elles étaient plus exposées à cet affaiblissement. De là, dans les langues dérivées du latin, tant de voyelles sourdes à la fin des mots, comme l'*o* dans *camíno* (qui même devient *camin*), en italien, et l'*e* muet en français ;

de là aussi la disparition de tant de finales qui semblent absorbées par la force prédominante de la syllabe accentuée : *cività* en italien et *ciudad* en espagnol pour *civitátem;* *péril* en français pour *periculum*, etc. L'anglais offre aussi, dans sa prononciation, de nombreux exemples de ces contractions qui sacrifient plusieurs syllabes à la syllabe accentuée [12].

Chose remarquable, en altérant les mots anciens, la langue grecque moderne procède précisément de la même manière; elle respecte surtout les syllabes accentuées. Exemples : ὀψίδιον est devenu φίδι en perdant deux syllabes; ὀφρύδιον-φρύδι ; ὀστρίδιον-στρίδι, et beaucoup d'autres du même genre. λές est une contraction populaire de λέγεις, λέσι de λέγουσι, πάς de πάγεις pour ἐπάγεις, πάμεν de πάγομεν pour ἐπάγομεν. Cela prouve quelle importance conserve l'accent d'une langue, même chez le peuple ignorant, qui ne l'étudie pas dans les livres, et combien se trompaient les savants qui ont traité avec dédain les règles de l'accent grec, comme si ces règles étaient l'œuvre toute artificielle de quelque grammairien de l'antiquité.]

§ 2. De la quantité.

Les mots ἄνθρωπος, *vĕnĭmus* ou *vēnĭmus*, *pătte* et *páte*, montrent très-bien quelle est dans les trois langues, la force du principe qu'on nomme la quantité (ποσότης, *quantitas*). Une syllabe dont le son *s'élève*, gagne en *accent;* une syllabe dont le son *s'allonge*, gagne en *quantité*. Or, cet allongement résulte tantôt de la *nature* même d'une voyelle, tantôt de sa *position* devant deux ou même trois consonnes; mais il est à remarquer que cette règle, vraie, en général, pour le grec et le latin, ne l'est plus en français, où, au contraire, l'usage s'est établi de redoubler souvent la consonne après une voyelle brève; ainsi : *hŏmme-dôme, pătte-páte*, etc.

La voyelle longue est ordinairement considérée

comme le double d'une brève. L'unité de longueur s'appelle *temps*. On dit alors que la brève vaut un temps, et que la longue en vaut deux. Les syllabes douteuses sont celles qui se prennent tour à tour comme brèves ou comme longues. Pour plus de détails sur ce sujet, on étudiera un traité de versification [15].

Remarquons seulement ici que la quantité des syllabes s'explique souvent sans difficulté par l'étymologie et la formation des mots, et qu'en analysant avec soin les formes grammaticales, dès le commencement des études de grammaire, on peut apprendre, presque sans efforts, la plus grande partie des notions réunies, à l'usage de la Quatrième, dans nos traités de Prosodie. Exemples :

Pourquoi *us*, bref au nominatif de la quatrième comme de la seconde déclinaison latine, est-il long au génitif? C'est qu'il est le résultat d'une contraction : *ŭs* pour *uis*, comme dans *senatŭs*, *senatuis*, et même *senatuos*, en vieux latin [14].

Pourquoi la pénultième est-elle longue dans *monēre, laudāre*; brève, au contraire, dans *legĕre?* C'est que le latin, comme le grec, a pour ses verbes des radicaux (*a*) terminés par une voyelle : *mone, lauda*, et des radicaux terminés par une consonne : *leg* et les autres semblables. Or, la terminaison infinitive *ĕrĕ*, en se combinant avec *mone, lauda*, produit, par une contraction très-facile à comprendre, *monĕ-ĕre-monēre*; *laudă-ĕre, laudāre;* tandis que *leg-ere* ne donne lieu à aucune contraction, et par conséquent à aucun allongement.

On pourra s'exercer à multiplier ces exemples, en rapprochant avec soin les formes latines des formes grecques correspondantes.

(*a*). Voy. plus bas, chap. III, p. 22, 24.

§ 3. De l'aspiration.

L'aspiration (πνεῦμα, *spiritus*), ainsi que son nom seul l'indique, est un surcroît de force que le souffle donne à une lettre dans la prononciation. Différant en cela de l'accent et de la quantité, elle modifie les consonnes comme les voyelles : δέχομαι (dial. ionien)—δέχομαι (dial. attique); ἵημι, *aller*, ἵημι, *envoyer*; *caballus—cheval*, et *altus—haut*.

Bien plus, l'aspiration a la propriété singulière de se transformer en une véritable consonne, et cette consonne peut être une labiale ou une gutturale, une sifflante ou une dentale.

Une labiale : Ἑλένα, ῥόδον, chez les Éoliens Βελένα, βρόδον, ῥήγνυμι (aor. 2 pass. ἐρράγην), en latin *frangere*, d'où *frag-mentum* et *frag-ilis*;

Une gutturale : αἶα—γαῖα, ἔντο—γέντο (pour εἵλετο);

Une sifflante : ἕρπω—*serpo*, ἕξ—*sex*, ἕπτα—*septem*, ὗς—*sus*, ἅλλομαι—*salio*, *salto*;

Une dentale : οἱ—τοί, αἱ—ταί, οὗτος—τοῦτο.

Il arrive que, dans le même mot, l'aspiration devient tantôt une gutturale et tantôt une labiale : βλέφαρον—γλέφαρον, βλήχων—γλήχων ou γλάχων. En latin : *propior—proximus* (*proc-simus*), *nix* (*nic-s*)—*nivis*, *vivo—vixi* (*vic-si*). Cela nous explique très-bien comment, dans leur passage du latin au français, tant de mots ont changé une labiale en gutturale. Exemples : *levis* et *allevare—léger*, *alléger*; *vastare—gâter* (autrefois *gaster*), *vadum—gué*, *vagina—gaine*, (*vaina* en espagnol), *viscum—gui*, *diluvium—déluge*. Ce changement reparaît dans des mots d'origine germanique : *warrant—garant*, *Wilhelm—Guillaume*, etc.

Au reste, il faut remarquer que des voyelles mêmes peuvent se changer en consonnes, comme, en grec, le ι dans αἱρῶ d'où ἄγρα, *chasse*, *prise*; παλινάγρετον pour παλιναίρετον; ζωγρέω *prendre vivant*, et par conséquent sauver un ennemi vaincu (ζῶον αἱρεῖν); et réciproquement les consonnes en voyelles, comme dans les mots latins : *lavare* (ou *lavere*) — *lautus*, *lotus; cavere—cautus*.

Le grec classique distingue deux degrés de l'aspiration, qu'il marque par l'*esprit doux* et par l'*esprit rude*. Le latin ne marque d'aucun signe les syllabes qui ne sont pas particulièrement aspirées, et réserve le *h* pour marquer un degré plus sensible de l'aspiration. Le français qui a pris le *h* à l'alphabet latin l'emploie tour à tour pour marquer une aspiration forte comme dans *haine*, et pour rappeler seulement une étymologie, dans des mots où nous ne faisons sentir aucune aspiration, comme *humble* qui vient de *humilis*.

C'est donc surtout chez les Grecs que l'aspiration se montre avec une variété d'effets et une délicatesse remarquables. En voici une dernière preuve plus frappante encore que celles que nous avons vues jusqu'ici. Dans un mot de plusieurs syllabes, quand par un caprice de la prononciation ou par un accident de grammaire, une syllabe perd l'aspiration, celle-ci se reporte sur une autre lettre ou sur une autre syllabe. Ainsi, βάτραχος devient βάθρακος, ἔχω prend sur l'ε au futur ἕξω l'aspiration qui, au présent, portait sur le χ; le radical παθ (d'où πάθος et l'aor. ἔπαθον) a formé jadis le verbe παθέσκω qui, en se contractant, est devenu πάσχω, l'aspiration du θ qui disparaissait s'étant reportée sur le κ et l'ayant ainsi changé en un χ.

La quantité offre des exemples analogues de compensation. Quand la pénultième d'un adjectif est longue, son comparatif se fait en ότερος, et son superlatif en ότατος; quand la pénultième est brève, le comparatif se fait en ώτερος, et le superlatif en ώτατος. Ainsi : δίκαιος—δικαιότερος, δικαιότατος; mais φοβερός—φοβερώτερος, φοβερώτατος. De même pour les substantifs dérivés : δίκαιος forme δικαιοσύνη, mais ἱερός forme ἱερωσύνη.

L'accent, la quantité et l'aspiration peuvent modifier tous les trois en même temps la même syllabe. Ainsi, en français, dans *hêtre*, en latin dans *horum*, en grec dans ἦδος, la première syllabe est à la fois longue, accentuée et fortement aspirée. Dans *honnir*, ἑκών, la seconde est longue et accentuée, la première est brève et c'est elle qui porte l'aspiration.

C'est le jeu et quelquefois la lutte de ces divers moyens d'harmonie, qui, avec la différence primitive des sons, produisent la variété musicale du langage. On voit que notre langue est, sous ce rapport, notablement inférieure à celle des Grecs et des Romains [15].

CHAPITRE III.

DU RAPPORT DE LA LANGUE PARLÉE AVEC L'ÉCRITURE, OU DE L'ORTHOGRAPHE. DE LA PONCTUATION ET DES AUTRES SIGNES ACCESSOIRES QUI SERVENT A L'ORTHOGRAPHE.

§ 1er. De l'orthographe.

L'orthographe (*a*) est la partie de la grammaire qui donne des règles pour écrire correctement les mots

(*a*). Il vaudrait mieux dire *orthographie*, comme on disait encore en France au xvie siècle ; le mot grec ὀρθογραφία a la même terminaison que γεωγραφία, κοσμογραφία, que nous avons transcrits exactement dans *géographie*, *cosmographie*, etc.

d'une langue, c'est-à-dire pour en représenter régulièrement les sons par des lettres. Chaque langue a donc son orthographe comme elle a son écriture.

L'orthographe serait parfaite, si à chaque son répondait un signe d'écriture, de manière que jamais le même signe ne dût être prononcé de deux manières différentes, et que jamais le même son n'eût dans l'écriture deux signes différents. Il n'existe peut-être pas une seule langue où l'on trouve ce parfait accord des sons avec l'écriture; l'orthographe usuelle, chez les divers peuples, s'en rapproche plus ou moins sans jamais y atteindre. L'italien, par exemple, et l'allemand offrent, à cet égard, plus de régularité que le français.

L'invention et les premiers usages de l'alphabet remontent, en général, à des époques où la culture de l'esprit était peu avancée. De là beaucoup de tâtonnements et d'erreurs dans l'emploi de l'écriture pour exprimer les sons d'une langue. Mais quand même le plus habile grammairien eût, dès l'origine, présidé à ce travail, on peut être sûr que l'ignorance et la négligence du grand nombre auraient promptement dérangé la régularité de son œuvre. C'est ce qu'on voit bien par les variations et les incertitudes de l'orthographe dans les trois langues que nous comparons.

[Il nous semble assez facile d'écrire aujourd'hui sous la dictée un texte grec ou latin : cela tient à ce que la prononciation toute factice adoptée dans nos écoles, se rapproche assez exactement de l'écriture. Encore faut-il remarquer que cette prononciation confond ensemble le τ et le θ, le κ et le χ; en latin, les finales *ent* ou *int*, etc. Mais, dans l'antiquité, les changements de la prononciation et ceux de l'écriture faisaient naître pour l'orthographe une foule de difficultés, sur lesquelles on a écrit bien des volumes. Il y a déjà des discussions sur ce sujet, dans un dialogue de Platon, le *Cratyle*; il y en a dans Aristote. Les grammairiens de profession ont, de bonne heure, cherché à coordonner en une véritable méthode les règles de l'orthographe. Deux des plus célèbres philologues de l'école d'Alexandrie, Apollonius et Hérodien, son fils, avaient écrit des traités περὶ Ὀρθογραφίας. A Rome, les mêmes disputes commencent dès que la littérature latine se développe et se perfectionne. On attribue au poëte Ennius d'avoir, le premier, consacré l'usage des doubles consonnes. Un siècle plus tard, Lucilius écrivait un livre de ses Satires *de Orthographia contra imperitiam librariorum*. Le livre de Jules César, *de Analogia*, était plein de discussions sur l'orthographe. L'empereur Auguste, au rapport de Suétone, suivait dans son orthographe les principes « de ceux qui pensent qu'il faut écrire comme on parle [16]. »]

On aura une idée des variations de l'orthographe grecque en comparant une page de Thucydide, dans quelque édition moderne, avec l'original ou avec la copie exacte d'un de ces décrets athéniens, contemporains de Thucydide, dont plusieurs se sont conservés et se voient dans nos musées [17].

On aura une idée des variations de l'orthographe latine en comparant une page de Tite Live avec quelque grande inscription latine de la même époque, par exemple, avec le texte latin du Testament politique d'Auguste. Il pourra être surtout curieux de rapprocher l'analyse que Tite Live nous donne d'un sénatus-consulte contre les bacchanales et le texte original de ce sénatus-consulte qui nous est parvenu sur une table de bronze conservée aujourd'hui au musée de Vienne [18].

Comme la langue française, formée d'éléments assez divers, n'a pas eu de grammairiens proprement dits avant le xvi siècle, et que son orthographe fut jusqu'à cette époque abandonnée à tous les caprices

de l'usage, on comprend que cette partie de notre
grammaire soit aujourd'hui une des plus irrégulières
et en même temps une des plus épineuses à réfor-
mer. Plusieurs auteurs ont cherché à rapprocher
l'orthographe française de la prononciation, tantôt
par des essais partiels, tantôt par des innovations
générales et systématiques. Les premières réformes,
qui sont les plus modestes, ont eu aussi plus de
succès; les autres, pour lesquelles on a inventé le
mot de *néographie* ou *néographisme*, ont toujours
échoué et elles échoueront toujours contre la force
invincible de l'habitude et contre quelque chose de
plus respectable encore que l'habitude, je veux dire
la tradition même de la langue française et la loi de
ses étymologies (*a*). Ainsi Voltaire a réussi à faire
consacrer l'usage de la diphthongue *ai* pour *oi*, dans
les noms comme *français* et dans les verbes comm-
lavait, pour exprimer le son d'un *e* ouvert; changement dont, au reste, il n'avait pas eu la première
idée. Mais ni Ramus au xvie siècle, ni Expilly
au xviie, ni Regnier-Desmarets et l'abbé Dangeau
au xviiie, ni Domergue et M. Marle au xixe, n'ont
réussi à faire admettre leurs systèmes de réforme
absolue, et l'on prédira facilement le même échec à
tous ceux qui les imiteront [19].

§ 2. De la ponctuation, et des autres signes accessoires qui servent
à l'orthographe.

On peut compter parmi les signes d'écriture qui
servent à l'orthographe, les accents, les esprits, les
signes de quantité, inventés par les Grecs et employés
après eux par les Latins.

(*a*). Voy. plus bas, chap. xxi, les preuves à l'appui de cette remarque.

La ponctuation (στιγμή, *interpunctio*) est aussi un accessoire important de l'écriture, puisqu'elle marque les divisions essentielles d'une phrase et les repos de la voix dans la prononciation. Mais les signes destinés à marquer ces divisions et ces repos sont d'une invention bien postérieure à celle de l'alphabet; et, quoique mis en usage dans les manuscrits dès le ive siècle peut-être avant l'ère chrétienne, on n'en retrouve presque aucune trace dans les inscriptions. Les manuscrits même n'étaient pas toujours ponctués. Par exemple, ceux qu'on a retrouvés dans les fouilles d'Herculanum, et qui paraissent dater du ier siècle de l'ère chrétienne, ne portent ni accents, ni esprits, ni points[20]. Ces signes n'étaient sans doute employés alors que dans les livres de luxe et dans les éditions à l'usage des écoles.

La même remarque s'applique à l'orthographe latine et aux manuscrits latins.

Sans entrer sur ce sujet dans le détail d'une comparaison qui aurait peu d'utilité, nous devons observer que, chez les Latins et surtout chez les Grecs, l'abondance des particules conjonctives rendait moins nécessaire l'usage des signes de ponctuation. De même, plus la construction dans notre langue s'est éloignée de la construction latine, plus il nous a été nécessaire de multiplier les points et les virgules pour conserver au discours toute sa clarté. Les lectures journalières qui se font dans les classes fourniront beaucoup d'exemples à l'appui de cette observation.

[Les Grecs avaient imaginé quelques autres signes orthographiques pour marquer certains accidents de prononciation : l'*hyphen* (ὑφ'ἕν) pour la réunion de deux mots en un seul, comme πασι-μέλουσα; l'*apostrophe* (ἀπόστροφος) pour l'élision d'une voyelle ou d'une diphthongue, εἵνεκ'ἐμεῖο. —

ἔρχομ.ἔχων, etc. Les Latins leur ont emprunté ces termes, et la traduction même qu'ils ont donnée de l'un d'eux (διαστολή, *virgula*) nous a fourni le mot *virgule*. Outre ces signes qu'elle a presque tous empruntés des Grecs ou des Romains, mais qu'elle n'a pas toujours employés au même usage, l'orthographe française en a quelques-uns qui lui sont propres, comme le *tréma* et la *cédille*. Il n'y a qu'une remarque générale à faire sur ces procédés secondaires de l'écriture, c'est qu'ils prouvent la difficulté d'exprimer avec les seules lettres de l'alphabet tous les accidents et toutes les variétés de la prononciation.]

CHAPITRE IV.

ANALYSE DES MOTS. DU RADICAL ET DE LA RACINE. DES SYLLABES ET DES LETTRES QUI S'AJOUTENT A LA RACINE, SOUS LES NOMS DIVERS DE SUFFIXES, PRÉFIXES, FORMATIVES, TERMINAISONS, DÉSINENCES, ETC., POUR EN DÉTERMINER LA SIGNIFICATION. DES MODIFICATIONS DE LA RACINE ELLE-MÊME.

Quand on considère le mot grec ἐπιγεγραμμένος, le mot latin *inscriptus*, et le mot français *inscrit*, on y distingue facilement 1° une idée principale exprimée par une certaine partie du mot, 2° des idées accessoires exprimées par les autres parties : γραμ. (ou γραφ) — *scrip* (ou *scrib*), — *scri*, ou ce qui exprime l'idée générale d'écriture sont ce qu'on appelle le *radical* ou la *racine*; επι, γε, μενος, *in*, *tus*, *t*, expriment les idées accessoires du lieu et du temps où l'action se fait, et de la manière dont elle se fait. On peut les appeler en général *affixes* (de *affigere*) puisqu'ils s'ajoutent à la racine, mais on les appellera particulièrement :

Préfixes, quand ils la précèdent : δυσ-γενής, *im-pro-bus.*

Suffixes, quand ils la suivent : ἐν-τός ; *in-tus.*

Formatives ou *caractéristiques*, quand ils donnent à un mot la forme qui caractérise l'espèce de mots à laquelle il appartient, comme le σ au futur actif des verbes grecs, et le θ à l'aoriste passif.

Terminaisons ou *désinences* quand ils sont à la fin du mot : λόγ-ος, *domin-us.*

Enfin, tous ces changements se nomment *flexions* ou *inflexions* grammaticales, parce qu'ils fléchissent en quelque sorte la racine pour la faire passer d'un sens vague à un sens précis et déterminé.

Entre la *racine* et le *radical* on établit encore une différence. Quand cette partie invariable, ou presque invariable du mot, se montre simple et brève, quand elle ressemble à l'élément primitif dont on peut croire que le mot s'est formé, il convient alors de l'appeler *racine*. Ainsi λυ, en grec, est un élément commun à tous les mots qui expriment l'idée de *délier ;* c'est une *racine*. Λυσ est le *radical* de λύσω, dans lequel le σ est la *formative* ou la *caractéristique* du futur ; et aussi de λύσις, le σ étant alors la *formative* ou *caractéristique* d'un nom d'action. Λυτ est, au même titre, le *radical* de λυτέον, λυτικός, etc. En latin, *li* est la racine commune de tous les mots qui expriment l'idée de *délayer ;* mais *lin* est le radical du verbe *lino ; lit*, le radical de *litus, litura,* etc

En ce sens, le radical s'appelle aussi quelquefois *thème* (θέμα, position, forme primitive du mot) : thème nominal, si c'est le radical qui sert à former un nom ; thème verbal, s'il sert à former un verbe, et ainsi de suite[21].

Il importe souvent, dans les recherches d'étymologie, de noter ces différences délicates entre les parties dont se compose un mot. L'usage cependant admet volontiers comme synonymes les mots *racine* et *radical*. On a même donné le nom de racines à des mots complets, mais simples, à l'aide desquels on explique facilement beaucoup de dérivés et de composés. Tels sont les mots réunis dans le *Jardin des Racines grecques* de Port-Royal.

[A la rigueur, un véritable lexique de racines grecques ne devrait contenir que des articles comme les suivants :

θε, — *poser*, d'où : τίθημι, θέσις, θετικός, θέμα, etc.

λεγ, — *dire*, d'où : λέγω, λόγος, λέξις, etc.

βα, — *marcher*, d'où : βαίνω, βάσις, βῆμα, etc.

En latin, on aurait :

De ou *da*, — *donner*, *mettre*, d'où : *dare*, *donum*, *donare*, et d'où; avec le premier sens : *edere*, qui répond à ἐκδιδόναι;

prodere, — προδιδόναι;

avec le second sens : *abdere*, — ἀποτιθέναι;

subdere, — ὑποτιθέναι.

Sul ou *sol*, — *habitation*, *séjour*, d'où : *solum*, *insula*, *exsul*, *præsul*, *consul*, etc.

Les Grecs et les Latins, quoiqu'ils aient montré beaucoup d'habileté dans les recherches de grammaire, n'ont pas poussé aussi loin l'analyse de leur langue; et, chose remarquable, c'est chez les grammairiens hindous qu'on a trouvé le plus parfait exemple de ce travail qui ramène à un certain nombre d'éléments primitifs les mots d'une langue riche et variée. Il n'est pas sans intérêt de savoir que, bien loin de notre Occident civilisé, cette partie de la grammaire a reçu de grands développements. Depuis une haute antiquité, les Hindous possèdent pour leur langue des dictionnaires de véritables *racines*, tandis qu'aujourd'hui nous commençons à peine à en rédiger de pareils pour le grec et pour le latin.]

Quant à notre langue, l'étude des racines y a beaucoup moins d'importance, parce que presque tous les mots français viennent de quelque langue étrangère, et, que, d'ailleurs, nous sommes beaucoup moins riches en flexions grammaticales que le grec et le latin. Les flexions même que nous avons empruntées à ces deux dernières langues, sont aujourd'hui fort altérées et quelquefois méconnaissables dans la nôtre. La diversité des terminaisons latines disparaît souvent sous l'uniformité de notre *e* muet :

*mus*A	devient	*mus*E,
*util*IS	—	*util*E,
*curv*US	—	*courb*E,
*affirm*O	—	*j'affirm*E,
*affirm*AT,	—	*il affirm*E,
*templ*UM,	—	*templ*E.

Voilà six *e* muets pour six terminaisons très-distinctes dans les mots latins correspondants à nos mots français.

La contraction efface aussi très-souvent, au commencement ou à l'intérieur des mots, la trace de leur composition, et rend par là très-difficile la recherche de leur forme primitive. Par exemple :

debitum	est devenu	*dette* et *dû*,
creditum	—	*cru*,
cadere	—	*chéer*, *choir*.
eleemosyna	—	*aumône*,
avunculus	—	*oncle* [24].

La racine, en devenant le radical ou le thème d'une classe de mots, ne se modifie pas seulement par l'addition de lettres nouvelles, comme dans : λαβ-λαμβάνω, τυπ-τύμπανον, λιπ-λιπαρός, ἀλείφω, et dans : *pag* ou *pac-pango*, *pactus*, *tag* ou *tac-tango*, *tactus*, *lab-lambo*, etc.; les lettres même qui paraissent en faire partie essentielle sont sujettes à se modifier.

Ainsi dans : τρεπ-τρέπω, τέτροπν, τρόπος ; dans τρέμω-τρόμος, etc., l'ε de la racine s'est changé en ο ;

δρα, dans διδράσκω, δραπέτης, δραμοῦμαι,
τρε, dans τρέχω, et θρε, dans θρέξομαι,
τρο, dans τρόχος et τροχεύς,
δρο, dans δεδρόμηκα, δρόμος, δρομεύς,

ne sont certainement que des variantes d'une même racine, signifiant l'idée de *courir;* or le seul élément qu'elle conserve invariable est le ρ.

Ainsi, pour citer un exemple latin, où l'étymologie n'est pas moins certaine, quoique plus difficile peut-être à saisir : *sob-ol-es, ad-ul-escens* pour *adolescens, ol-us, ind-ol-es,* etc., offrent, avec le sens de *croître, pousser,* une même racine de deux lettres, où la lettre invariable est la consonne *l;* dans cᴀlx, cᴀlcare, *inculcare, proculcare,* etc., la racine a quatre lettres, et la voyelle intérieure a seule changé.

La formation des temps, en grec, défigure quelquefois, en apparence, une racine que l'analyse apprend à reconnaître. Ainsi ἤχθην aor. 1ᵉʳ passif de ἄγω, ἦφα et ἦμμαι, parfaits actif et passif de ἅπτω, n'ont plus une seule lettre du radical qu'on trouve au présent de l'indicatif; mais ils ont des lettres de même nature, et, de l'une de ces formes, on peut remonter à l'autre, d'après des règles aussi simples que sûres.

L'étude que nous venons de faire nous montre dans les mots, surtout dans les mots grecs et latins, une sorte de mécanisme régulier, on pourrait presque dire un organisme semblable à celui que l'Histoire Naturelle étudie dans les végétaux. Cette ressemblance nous frappera mieux encore après les analyses où nous allons entrer.

CHAPITRE V.

DES MOTS SIMPLES, DES MOTS COMPOSÉS, DES MOTS JUXTAPOSÉS.

Quand un mot ne renferme qu'une racine, accompagnée ou non d'affixes, on l'appelle mot *simple* (ἁπλοῦν). Κάρ (nom de peuple) est un mot simple, sans affixe; de même, *sal* en latin, et *cri* en français. Δοῦλ-ος, *serv-us*, *mais-on*, sont des mots simples avec affixes.

Quand le mot simple ne se rattache à sa racine que par l'intermédiaire d'un autre mot simple ou d'un radical déjà formé, on l'appelle mot *dérivé* (παρ-ώνυμον ou παράγωγον). Par exemple : φονεύω, qui se rattache à la racine de φόνος par l'intermédiaire de φονεύ-ς; *arbustum* (primitivement, lieu planté d'arbres), qui se rattache à la racine *arb* par l'intermédiaire de *arbor* ou *arbos*, d'où *arbosetum*, *arbostum*, *arbustum*, en vertu d'un changement de l'*o* en *u* très-fréquent dans le vieux latin. En français, *historien*, qui vient de *histoire*.

Un mot est dit *composé* (σύνθετον), quand il se forme de deux autres mots unis l'un à l'autre au moyen d'un changement qui ôte à chacun d'eux ou au moins à l'un d'eux la forme ou au moins le sens qu'il aurait s'il était employé séparément. Exemples : δουλοπρε-πής, parce que ni δουλο ni πρεπης ne sont des mots grecs; *silvi-cola*, parce que ni *silvi* ni *cola* ne sont des mots latins; ou encore φερέοικος, parce que φερε n'est pas ici l'impératif du verbe φέρω, mais un vrai thème nominal signifiant *celui qui porte*, et que οικος n'a pas la forme οἶκον, qu'il devrait avoir s'il était le régime du verbe φέρω, comme dans la locution :

ὁ φέρων οἶκον. De même encore Θεόσδοτος et Θεόσδωρος, formes doriennes, pour Θεόδοτος et Θεόδωρος.

Lorsque deux mots gardent en s'unissant la forme et la valeur qu'ils avaient séparément, alors ils sont seulement *juxtaposés* (παρατεθειμένα). Ainsi : πασιμέλουσα pour (ἡ) πᾶσι μέλουσα, *agricultura* pour *agri cultura*, parce que les deux éléments qui forment le mot y sont précisément ce qu'ils étaient avant d'être rapprochés. Ce dernier cas ne se rencontre guère que dans les verbes augmentés d'une préposition : παρατρέπω, *di-verto*, ἐκ-βάλλω, *ex-pello*, etc.

[Encore faut-il faire sur ces mots une observation importante.

Dans ἐκ-συρίττω, *ex-plodo*, la préposition signifie quelque chose de plus que dans la locution ἐκ τοῦ θεάτρου, *e theatro*. Ἐκ-συρίττω signifie : « *Je chasse* en sifflant, par des sifflets; » *ex-plodo* : « *Je chasse* par des battements de mains qui expriment le mécontentement. » La préposition a donc dans ces alliances un sens différent de celui qu'elle aurait eu seule à côté de son régime.

En outre, les Grecs appelaient *composés obliques* (παρασύνθετα) les mots dérivés d'un composé. Exemples : διαλεκτικός, dérivé de διάλεκτος qui lui-même est un composé; εὐδαιμονίζειν, dérivé de εὐδαίμων. En latin : *intelligens*, de *intelligo* (*inter-lego*); *sacrilegium*, de *sacrilegus*. Ces distinctions sont un peu subtiles, mais elles sont justes, et méritent d'être retenues.

Généralement, les mots composés, soit en grec, soit en latin, n'ont pas plus de deux termes, excepté lorsqu'ils renferment des prépositions, comme dans ἀντιπαρατάσσω, ἀντιπαράταξις, ὑποπαραίτησις, etc. Les mots comme τορνευτολυρασπιδοπηγός, *qui fait des lyres et des boucliers tournés*, et, en latin, *suovetaurilia*, « sacrifice d'un porc, d'une brebis et d'un taureau, » sont des exceptions assez rares et presque toutes justifiées par quelque licence du style poétique.]

Nous n'avons pas cité jusqu'ici des mots composés

dans la langue française. C'est qu'ils y sont aussi rares qu'ils sont communs en grec et en latin. Nous empruntons à ces deux langues beaucoup de composés tout faits : *économe*, *agronome*, *législateur*, etc.; mais nous ne formons guère aujourd'hui de composés qu'avec des noms ou des verbes précédés d'une particule invariable : *sur-taxe*, *sur-nom*, d'où *surtaxer*, *surnommer*; *dé-mesuré*, *dis-proportionné*, *dé-ménager*, *em-ménager*, *contre-coup*, etc. Quant aux prétendus composés d'un verbe et d'un nom, ou bien de deux noms, ils sont plutôt le résultat d'une simple juxtaposition; mais l'usage a quelquefois effacé la trace de cette origine : elle est évidente dans *porte-drapeau*, *perce-oreille*, *chef-d'œuvre*, etc.; l'orthographe usuelle la dissimule dans : *vaurien* pour « *qui ne vaut rien*, » et dans la locution adverbiale : *dorénavant* pour *d'ores* (*d'ici*) *en avant*[23]. Ce sont là, pour ainsi dire, des accidents qui ne changent pas le caractère général de notre langue. Il est remarquable que le français, originaire d'une langue qui forme beaucoup de composés, voisin des idiomes germaniques, qui en forment avec la même facilité, n'ait pas gardé une propriété si féconde pour les idiomes qui la possèdent. En revanche, le français forme très-volontiers des dérivés : *raison*, *raisonner*, *raisonnable*, *raisonnement*; *ménage*, *ménager*, *ménagement*, etc., sans parler des nombreux dérivés qu'il emprunte tout faits aux langues anciennes, comme : *thérapeutique*, *vénéneux*, *optique* (d'où il a tiré pour son compte *opticien*); *verbal* (d'où il a tiré pour son compte *verbaliser*), etc.

Au reste, il y a dans les trois langues une espèce de mots composés, fréquents surtout en grec, où pourtant il n'ont pas reçu de nom particulier : ce sont les mots qui se forment par le redoublement plus ou moins altéré de leur radical. Exemples : βάρβαρο:, τάρταρος, μερμηρίζω, δίδωμι, βιβρώσκω, τιτρώσκω; en latin : *turtur, furfur, murmur;* et en français : *bonbon, joujou, cricri,* et quelques autres expressions ou populaires ou enfantines.

On n'a pas non plus désigné par un nom particulier certains composés qui équivalent à des mots simples, parce que l'une des parties qui les composent a perdu son sens naturel, ou n'ajoute qu'un peu plus de force ou de clarté au sens de l'autre partie. Exemples : συναμφότεροι pour ἀμφότεροι, *tous les deux;* ἐπαρωγός pour ἀρωγός, *celui qui vient* ou *survient au secours;* διατέμνω pour τέμνω, *couper.* Chez les poëtes νεόδμητος pour νέος, ἀγαθόρρων pour ἀγαθό:. En latin *condemnare* pour *damnare; raucisonus* pour *raucus; terrificus* pour *terribilis; pertransire* pour *transire.* En français surtout beaucoup de composés ont la valeur de mots simples; mais cela vient surtout de ce qu'ils sont d'origine étrangère, ou de ce que nous avons perdu complétement, dans l'usage, le souvenir de leur étymologie, enfin de ce que le mot simple qui en est la partie principale n'existe plus dans notre langue. Exemples : *parallèle* et *parallélisme, économe, économie,* qui sont des mots grecs; *intense* et *intensité,* qui viennent du latin *intendere* pris dans un autre sens que le français *entendre; soulager* et *soulagement,* qui viennent de *sublevare;* etc. Au contraire, *alléger* pour *rendre léger* a plus réellement pour nous le sens d'un composé, parce qu'il nous rappelle l'adjectif *léger,* d'où il s'est formé, comme *alourdir* s'est formé de *lourd.*

CHAPITRE VI.

DE LA PROPOSITION CONSIDÉRÉE AU POINT DE VUE GRAM-
MATICAL. DU SUJET, DU VERBE ET DE L'ATTRIBUT.

Nous avons vu qu'avec les lettres se forment les syllabes; avec les syllabes, les mots; avec les mots, la phrase. Quand la phrase, si courte qu'elle soit, offre à l'esprit un sens complet, c'est ce que les Grecs appelaient αὐτοτελὴς λόγος, ou simplement λόγος, les Latins *oratio*, les Français *proposition*, ou, en d'autres termes, l'expression d'un jugement.

Si je prononce séparément les deux mots *cheval* et *blanc*, je donne à celui qui m'écoute deux notions, celle de *cheval* et celle de *blancheur*. Mais si je dis *ce cheval* EST *blanc*, j'énonce quelque chose de plus que les deux notions, j'exprime un jugement. L'ensemble de ces trois mots forme donc une proposition.

Les mots essentiels qui constituent une proposition s'appellent les *termes* de la proposition.

Celui des trois qui exprime l'idée d'un être ou d'une substance, ou, en général, d'une chose indépendante par elle-même, se nomme le *sujet*.

Celui qui exprime la qualité ou l'état du sujet, est l'*attribut*.

Enfin celui qui affirme que l'attribut appartient au sujet, se nomme le *verbe*.

Chacun de ces mots a donc un rôle particulier et une valeur bien distincte de la valeur des deux autres.

Mais ordinairement la proposition ne paraît pas aussi facile à analyser. Tantôt c'est parce qu'elle est plus courte, tantôt parce qu'elle est plus longue.

1° Parce qu'elle est plus courte. Ainsi βροντᾷ, *tonat*,

il tonne, offrent certainement un sens complet, quoique le jugement soit exprimé par deux mots en français, et par un seul en grec et en latin. Αἰνείας ὁρμᾶται, *Æneas ruit*, présentent trois termes en deux mots, dont l'un, le nom propre, est le sujet, et dont l'autre renferme à la fois un verbe et un attribut. Il faut quelque effort d'attention pour analyser ces locutions si brèves : Βροντᾷ — βροντὴ γίγνεται ου ἐστὶ γιγνομένη; *tonat — tonitru fit* ou *est tonans;* ὁρμᾶται — ἐστὶν ὁρμώμενος; *ruit — est ruens.*

Quelquefois aussi le sujet et l'attribut sont seuls exprimés, le verbe est sous-entendu. Δόξα (εἴη) θεῷ, — *gloria (sit) Deo*, — *gloire (soit) à Dieu*, offrent l'exemple de propositions où manque précisément le verbe, c'est-à-dire le principal terme. Nous sommes si bien familiarisés avec ces locutions, qu'elles n'ont pour nous aucune obscurité; mais, dans l'analyse du langage, il faut les compléter pour y reconnaître les trois éléments essentiels de la proposition.

2° Parce qu'elle est plus longue. Exemples : Ὁ ἄνθρωπος τῇ πενίᾳ συνοικεῖ, *homo in paupertate vivit*, « *l'homme* ou *cet homme vit dans la pauvreté.* » Ici nous n'avons qu'un jugement, mais qui est exprimé par plus de trois termes; c'est qu'il y a dans cette proposition des mots essentiels et des mots accessoires. Ἄνθρωπος, *homo* et *homme*, représentent le sujet; συνοικεῖ, *vivit*, *vit*, représentent le verbe et l'attribut. Ce sont les mots essentiels. Ὁ et *le* modifient un peu le sujet; τῇ πενίᾳ, *in paupertate*, *dans la pauvreté* complètent le sens de l'attribut. Ce sont les mots accessoires.

Cette analyse nous montre en même temps que, dans les langues que nous examinons, un très-grand nombre de mots divers concourent à l'expression de la pensée. La proposition n'a, en définitive, jamais plus de trois termes, mais il y a bien plus de trois espèces de mots qui servent à former des phrases. Les grammairiens grecs citaient[24] un vers d'Homère où ils reconnaissaient toutes les *parties du discours*, selon la division en usage dans les écoles grecques, et dont nous parlerons dans le chapitre suivant :

Πρὸς δ'ἐμὲ τὸν δύστηνον ἔτι φρονέοντ' ἐλέησον.

(Mot à mot : *Et en outre aie pitié de moi malheureux encore vivant. — Iliade*, XXII, 59.)

Πρός préposition, δέ conjonction, ἐμέ pronom, τόν article, δύστηνον nom adjectif, ἔτι adverbe, φρονέοντα participe, ἐλέησον verbe. Il n'y a pourtant là, surtout si on prend φρονέοντα comme l'équivalent de ζῶον, c'est-à-dire pour un simple adjectif, qu'une seule proposition, dont le verbe est ἐλέησον; et ce verbe lui-même offre presque à lui seul le sens complet d'une proposition; tous les autres mots qui l'accompagnent sont secondaires.

Nous voilà tout naturellement amené à ce qui va faire l'objet de notre septième chapitre.

CHAPITRE VII.

DES PARTIES DU DISCOURS. LEUR NOMBRE DANS CHACUNE DES TROIS LANGUES.

§ 1. Méthode. Aperçu historique sur l'origine de cette théorie.

Le nombre infini des êtres que nous présente la nature se ramène, en histoire naturelle, à des classes, à des genres et à des espèces. De même la variété extrême des mots en usage dans une langue peut être ramenée à un certain nombre de classes ou catégories. On remarque, en effet, que beaucoup de mots ont des formes analogues ou des rôles semblables, ou l'un et l'autre à la fois; et, en se fondant sur ces ressemblances, on range ces mots sous une appellation commune.

Par exemple : καλός, ἄνθρωπος, λυόμενος, et *bonus*, *dominus*, *liberatus*, nous frappent tout d'abord par la ressemblance de leurs terminaisons et par la propriété qu'ils ont tous de se décliner.

Καλός et εὐδαίμων, *pulcher* et *felix*; καλῶς et κάλλιστα, *bene* et *decenter*, bien et décemment, nous frappent, malgré la diversité de leurs formes, par la ressemblance de leurs rôles dans la phrase.

Quelquefois enfin la forme des mots et leur rôle s'accordent pour les faire ranger dans une seule et même classe. Par exemple :

$$\mathring{\alpha}\gamma\alpha\theta\acute{o}\varsigma — \acute{\eta} — \acute{o}\nu \; ; \; \kappa\alpha\kappa\acute{o}\varsigma — \acute{\eta} — \acute{o}\nu.$$
$$bonus — a — um \; ; \; malus — a — um.$$
$$bon — bon\text{NE} \; ; \; mauvais — mauvais\text{E}.$$

C'est sur des rapports ainsi observés avec un soin de plus en plus attentif que se fonda jadis chez les anciens, et que s'est perfectionnée chez les modernes la théorie des *Parties d'oraison* ou *Parties du discours*.

D'abord, on a facilement distingué le *verbe* et le *nom* : le verbe (ῥῆμα, *verbum*, le *mot* par excellence), qui peut à lui seul former une proposition; le nom (ὄνομα, *nomen*), qui l'accompagne presque toujours, et qui se détache si naturellement du discours en désignant les personnes et les choses. Puis on a remarqué le rôle particulier des termes de liaison ou *conjonctions* (σύνδεσμοι, *conjunctiones*), celui des *articles* (ἄρθρα, *articuli*), des *pronoms* (ἀντωνυμίαι, *pronomina*), des *participes* (μετοχαί, *participia*), des *adverbes* (ἐπιρρήματα, *adverbia*), enfin des *prépositions* (πρoθέσεις, *præpositiones*). Dans la classe du nom on sentit le besoin de distinguer le nom proprement dit et l'*adjectif* (ἐπίθετον, *adjectivum*), etc.

Les philosophes grecs et à leur suite les grammairiens ont ainsi constitué la division des mots en huit classes principales; cette division, généralement suivie par les Latins, s'est transmise par eux aux écoles du moyen âge et de là aux écoles modernes où elle règne encore presque seule aujourd'hui [25].

[Il y a cependant sous cette uniformité apparente quelques différences à signaler entre les Grecs et les Romains, entre les anciens et les modernes.

Les Romains, qui n'avaient pas d'Articles, n'auraient dû reconnaître dans le discours que sept classes de mots, s'ils n'avaient fait une huitième classe pour l'Interjection, que les Grecs confondaient avec l'Adverbe.

Les grammairiens latins, comme la plupart des grammairiens grecs, ne faisaient de l'Adjectif qu'une subdivision du Nom. Les modernes en ont fait une classe à part. En considérant encore le Participe comme un mot distinct du Verbe, on arrive à reconnaître, comme dans la plupart de nos grammaires françaises, dix parties du discours qui sont : 1° l'Article; 2° le Nom ou Substantif; 3° l'Adjectif; 4° le Pronom; 5° le Verbe; 6° le Participe; 7° la Préposition; 8° l'Adverbe; 9° la Conjonction; 10° l'Interjection.

Comme on le voit, ce désaccord entre les trois théories a très-peu d'importance, et il ne peut nous empêcher de reconnaître que sur ce sujet les modernes doivent aux anciens presque toute leur science.]

§ 2. Observations générales sur les parties du discours.

I. On voit, par les observations mêmes qui précèdent, que selon la manière de considérer les mots et selon l'importance qu'on attache à certaines particularités de leur forme ou de leur rôle, on peut augmenter ou diminuer le nombre des Parties du discours. Cette division n'a donc pas par elle-même un caractère absolu et rigoureux.

Pour ne pas s'égarer, sur ce sujet, dans des distinctions trop subtiles, il ne faut pas perdre de vue la proposition, qui est le fond même du langage ; il faut, au contraire, juger et classer les mots surtout d'après le rôle qu'ils ont dans la proposition. A ce point de vue, on pourrait les répartir en quatre classes principales, que je vais énumérer.

1° Les Verbes, en y rattachant, non-seulement les Infinitifs, mais encore les Participes, qui sont presque toujours de véritables verbes, comme nous le montrerons plus bas.

2° Les mots qui servent de sujet à la proposition, à savoir le Nom et le Pronom.

3° Les mots qui servent d'attribut direct au sujet, comme l'Adjectif.

4° Les mots accessoires qui modifient : soit le sujet, comme fait l'Article ; soit l'attribut, comme fait l'Adverbe ; ou qui marquent le rapport d'un mot à un autre, comme fait la Préposition, ou le rapport d'une proposition à une autre, comme fait la Conjonction.

A ne considérer que la forme des mots, on peut aussi les diviser en mots variables et en mots invariables. Ainsi se placeront d'un côté : le Nom et l'Adjectif, le Verbe, le Pronom et l'Article ; de l'autre, les particules ordinairement dites *particules indéclinables :* la Préposition, la Conjonction et même l'Adverbe, quoique ce dernier soit susceptible de certains changements, comme nous le verrons au chapitre xiv.

Quant à l'Interjection c'est un mot à part et nous expliquerons plus bas pourquoi il est impossible de la ranger décidément dans aucune des classes qui précèdent.

II. Le langage est un véritable instrument, à l'usage de tout le monde, des ignorants comme des savants. Les uns s'en servent avec intelligence et réflexion, les autres sans se rendre compte de ses procédés, souvent très-délicats. De là beaucoup d'incertitudes et d'erreurs dans la pratique d'une langue ; il est donc souvent difficile de ramener tous les mots et tous les emplois des mots à des règles certaines et invariables. Par exemple, il y a tel mot qui remplit tour à tour deux fonctions différentes. *Hic* et *ille*, en latin, sont souvent des adjectifs qui modifient le sens d'un substantif ; ils sont quelquefois des pronoms qui tiennent la place du substantif. Suivant qu'ils jouent l'un ou l'autre rôle, ils se rattachent à l'une ou à l'autre des Parties du discours. Quand je prononce, en français, les mots *Tant mieux* ou *Tant pis !* dans la conversation, c'est là une expression claire et complète, qui se suffit à elle-même : c'est presque une proposition. Cependant, à y regarder de plus près, *Tant mieux* ou *Tant pis* n'est qu'un adverbe qui modifie l'attribut d'une proposition sous-entendue : « [*La chose est d'au*]*tant mieux* [*faite*], » etc. Les mots n'ont pas, dans l'expression de nos idées et surtout de nos sentiments, la même rigueur que des chiffres en mathématiques. Il importe de se familiariser avec ces irrégularités et cette mobilité dont aucune langue n'est exempte, et il ne faut pas demander à la science grammaticale plus de précision que son objet même n'en comporte.

[III. C'est avec beaucoup de raison que les grammairiens français ont appliqué à notre langue la division des Parties du discours admise par les Grecs et les Latins. Mais ne croyons pas pour cela que ces divisions soient applicables à toutes les langues. Il y a des langues où les *formes* des mots ne répondent pas aussi méthodiquement que chez nous à la diversité des idées conçues par l'esprit; il y en a qui ne connaissent pas ou qui connaissent à peine l'usage des *flexions grammaticales.* On doit donc se garder d'une trop grande facilité à considérer comme universelles les règles que l'on trouve appliquées dans les idiomes de la famille à laquelle le nôtre appartient. Notre division classique des Parties du discours peut servir à la grammaire de toutes les langues indo-européennes; elle peut même s'appliquer en plusieurs points aux langues sémitiques (hébreu, chaldéen, arabe, etc.); mais il y a au moins un tiers des habitants du globe qui suivent des procédés tout différents dans l'expression de la pensée. Un Français qui apprend le chinois y cherche, tout d'abord, des noms masculins ou féminins, des verbes à la première, à la seconde ou à la troisième personne, etc. Mais la langue chinoise ne connaît pas ces mots organisés avec un radical et des affixes; elle n'a que des monosyllabes, signes d'idées très-générales, et qui, *selon la place* qu'ils occupent dans une phrase, y jouent *le rôle* de noms, de verbes, d'adverbes, etc. Pris dans un dictionnaire, les mots βαίνειν, *ambulare*, *marcher*, se reconnaissent tout de suite pour des verbes; les mots κύριος, *dominus*, *seigneur*, pour des noms; les mots καλῶς, *bene*, *bien*, pour des adverbes, et ainsi de suite. Le dictionnaire chinois n'offre pas de ces mots classés d'avance et caractérisés par leur forme grammaticale; il n'offre que des signes capables de devenir, par l'usage qu'on en fera, des verbes, des noms, des adverbes, etc. C'est à peine si l'on peut signaler dans cette langue, si riche d'ailleurs en productions de tout genre, deux ou trois exemples de signes qui s'unissent habituellement pour exprimer une idée complexe et former un *mot* analogue à ceux de nos langues européennes.

De tels procédés répugnent tant à nos habitudes d'esprit et de langage, qu'il est difficile, au premier abord, de les comprendre, et que les grammairiens de l'Occident les ont longtemps méconnus. Une comparaison aidera peut-être nos jeunes lecteurs à saisir, dans son originalité, le caractère de cette grammaire si nouvelle et si étrange. Qu'ils remarquent que dans la langue des nombres, en arithmétique, neuf chiffres , avec le zéro et quelques signes accessoires pour les opérations élémentaires de la division et de la multiplication , servent à exprimer des milliers et des millions d'idées différentes , et cela par le seul effet des *règles de position*. Considéré seul, le chiffre 3 est indifférent à signifier des unités, des dizaines, des centaines, etc.; sa valeur se détermine par la position qu'on lui donne.

Voici un rapprochement qui peut-être frappera encore davantage. Quand je dis en latin : *Darium vicit Alexander*, c'est à la terminaison des mots *Darium* et *Alexander* que l'on reconnaît que Darius est le vaincu, et Alexandre le vainqueur. Quand je dis en français : *Alexandre vainquit Darius*, c'est la place des mots *Alexandre* et *Darius* dans la phrase qui m'apprend que le vainqueur est Alexandre , et que le vaincu est Darius. Il y a donc là une idée qui n'est pas exprimée par *la forme* des mots , mais par leur *position* respective. Autre exemple : quand je dis en latin *elephas femina*, et en français l'*éléphant femelle*, faute de pouvoir exprimer par une terminaison particulière (comme dans *equus-equa*), ou par un mot particulier (comme dans *taureau-génisse*) le genre de l'animal que je nomme, je rapproche deux signes qui , sans former un mot unique, concourent à exprimer une seule et même idée. Le français dans le premier cas, le français et le latin dans le second , appliquent précisément les procédés qui sont d'un usage général dans la langue chinoise. C'est assez sans doute pour nous faire bien comprendre comment un si grand nombre de nos semblables pratiquent, sans embarras et sans obscurité, dans leur langage une méthode si différente de celle que nous voyons habituellement pratiquée autour de nous [26].

Il n'était pas inutile de s'arrêter quelques instants sur des idées et sur des faits qui nous montrent la merveilleuse flexibilité de l'esprit humain dans le développement des langues , et la richesse des facultés données à l'homme par son Créateur.]

CHAPITRE VIII.

DU NOM SUBSTANTIF ET DU NOM ADJECTIF. DES NOMBRES,
DES GENRES ET DES CAS; DE LA DÉCLINAISON. Y A-T-IL,
A PROPREMENT DIRE, UNE DÉCLINAISON EN FRANÇAIS?

§ 1. Du nom substantif.

I. Le nom substantif (ὄνομα, *nomen*) est le mot qui désigne les personnes et les choses par l'idée de leur nature, ou, en d'autres termes, par leurs qualités distinctives. Il a les mêmes caractères dans les trois langues.

Ἀλέξανδρος, *Alexander* et *Alexandre* désignent tous trois un personnage historique qui avait telles ou telles qualités et qui a accompli telles ou telles actions. C'est ce qu'on appelle nom propre (ὄνομα κύριον, *nomen proprium*). Ἰατρός, *medicus, médecin,* désignent tous trois, d'une manière plus générale que dans l'exemple précédent, toute personne qui a pour office de soigner les maladies et qui possède les qualités nécessaires pour remplir cet office. C'est ce qu'on appelle nom commun ou appellatif (ὄνομα προσηγορικόν, ou προσηγορία, *nomen appellativum*). Ὁμιλία, *concio, assemblée* expriment tous trois une réunion de personnes, et par conséquent la pluralité au moyen d'un nom au singulier. Ce sont des collectifs (ἀθροϊστικά, *collectiva*). Λευκότης, *candor, blancheur* expriment tous trois l'idée d'une qualité, mais d'une qualité conçue séparément du sujet où elle existe, d'une qualité *asbtraite*, que l'on assimile ainsi à un être indépendant; c'est ce que les grammairiens modernes ont, avec raison, appelé nom abstrait. Les anciens le rattachaient au nom commun.

Les trois langues connaissent aussi les noms indéterminés comme : πολλοί, ὀλίγοι, ἄλλοι, *multi, pauci, alii*, quand ils ne sont pas employés avec le sens d'adjectifs ; *les uns, les autres*, etc.; les interrogatifs comme Τίς; *quis ? qui ?* Elles ont toutes trois des diminutifs : οἴδιον de οἶς, *herbula* de *herba*, *herbette* de *herbe*; des noms de peuple ou *ethniques* (ἐθνικὰ ὀνόματα) : Ἕλλην, *Romanus, Français*, etc.

Mais les Grecs et les Latins ont seuls ce qu'on appelle d'un mot grec les noms *patronymiques*, comme Πηλείων, Πηλείδης, etc. Les Latins ici n'ont guère fait que transcrire ou imiter de très-près les formes usitées dans la langue grecque : *Dardanidæ, Æneadæ*. Quelques-unes de ces formes ont passé en français : les *Atrides*, les *Tyndarides*, etc., mais notre langue répugne à former d'elle-même de tels dérivés. Elle donne le sens de noms patronymiques à quelques dérivés, comme *Mérovingien* et *Capétien*; mais, en général, elle exprime par les mots *fils* ou *fille de* ce que les deux langues expriment plus rapidement par un suffixe, comme ιδ ou ιαδ, suivi de l'une des terminaisons habituelles des substantifs. Le grec et le latin ont, à cet égard, surtout pour le style poétique, un avantage réel sur le français.

C'est ici le lieu de remarquer que les noms propres, formaient en grec et même en latin, une classe de mots plus réguliers et plus intéressants à analyser que dans notre langue. Presque toujours l'étymologie en peut donner le sens primitif, et ce sens est quelquefois utile à observer pour l'histoire. Ainsi Γλαῦκος, n'est que l'adjectif γλαυκός, *blanc, brillant*, avec une autre accentuation. Διογένης, *fils* ou *descendant de Jupiter*; Διομήδης, *qui est le souci de Jupiter*, et, par conséquent, *protégé de Jupiter*; Θεόδωρος, *présent de Dieu*, que les latins ont imité dans *A Deo datus*, devenu le nom propre Adéodat ; Πυθιόδωρος, *présent du Dieu Py-thien* (Apollon), etc., témoignent des superstitions anciennes de la nation grecque et de la disposition de certaines familles à se croire plus particulièrement protégées par ces divinités du paganisme [27].

On pourra multiplier ces exemples et ces analyses.

II. Dans les trois langues, le substantif a la propriété de marquer le genre des êtres qu'il désigne (γένος, *genus*), et il le marque un peu capricieusement. Καρδία est du genre féminin, *pectus* est du neutre, *cœur* est du masculin, quoique tous trois expriment la même idée. En grec et en latin, les noms de femme ont souvent la terminaison neutre : Πλόκιον, *Glycerium*. En français, *labeur* est du masculin, *douleur* est du féminin. Mêmes irrégularités en allemand, même désaccord si on compare l'allemand avec le français ou avec les deux langues anciennes ; de sorte qu'on peut considérer, dans ces divers idiomes, les termi-naisons de genre comme détournées de leur desti-nation primitive, et réduites à ne plus produire qu'une sorte de variété favorable à l'élégance et à l'harmonie du langage.

L'anglais toutefois s'est préservé de cette confusion en n'attribuant de genres qu'aux noms des objets qui en ont réellement dans la nature, et en rapportant tous les autres au genre neutre. Encore se réserve-t-il, dans la poésie, de donner un genre aux choses qui, par leur nature, n'en devraient pas avoir.

La différence des nombres (ἀριθμοί, *numeri*) s'exprime aussi dans les langues classiques par des terminai-sons différentes, mais ces terminaisons ne sont pas en même nombre chez tous les peuples. Le grec avait trois nombres, le singulier, le pluriel, et le duel, excepté toutefois dans le dialecte éolien qui ne con-naissait pas l'usage du duel. Le latin ne connaît pas non plus le duel, et c'est une nouvelle preuve de son affinité avec l'éolien [28]. Le français, comme le latin, n'a que deux nombres; il a même perdu le mot *Ambo-æ* qui, en latin, est un véritable duel.

Les cas (πτώσεις, *casus*) ou terminaisons exprimant certaines idées secondaires, certains rapports des mots entre eux, sont une propriété commune au grec, au latin, à l'allemand, comme à presque toutes les anciennes langues de la famille indienne; mais ils ont presque entièrement disparu dans les langues néo-latines, comme dans l'anglais, où l'on ne connaît guère qu'une espèce de génitif marqué par l'addition d'une *s* au radical du nom. Tout livre de grammaire grecque ou latine montre ce fait bien clairement en traduisant chaque cas de la déclinaison (excepté le nominatif et l'accusatif) par un mot français, toujours invariable, accompagné d'une préposition qui marque précisément le rapport exprimé, en grec ou en latin, par le cas ou la flexion casuelle : λόγ-ου — *du discours, domin-i — du seigneur*, etc.

Toutefois, les formes diverses *je, me, moi, il, lui, au, aux*, etc., peuvent être considérées comme des restes de déclinaison dans les pronoms et les articles.

[Il ne paraît pas, d'ailleurs, que notre langue ait perdu subitement cette faculté de décliner ses noms. Dans le vieux français, soit celui du nord (langue d'oil), soit celui du midi (langue d'oc), on trouve encore des traces de déclinaison. Le mot affecte une terminaison différente selon qu'il est sujet ou régime; il a un cas *direct*, et un cas *oblique*. Ainsi *rai* ou plutôt *rais*, cas direct, répondait au cas oblique *raion*, qui rappelle l'accusatif latin *radium*. De même, *Hugues — Hugon, espies — espion*, etc., et l'on voit que cette forme en *on* est restée aujourd'hui la forme habituelle et unique d'un certain nombre de substantifs, qui cependant ne sont pas dérivés de mots latins en *o-onis* [29].

En comparant ensemble les cinq déclinaisons latines, surtout si l'on tient compte de leurs formes anciennes, ou populaires, inusitées dans le latin classique, on s'aperçoit qu'elles ont entre elles beaucoup de ressemblances, et qu'elles paraissent dériver toutes d'une déclinaison commune. On peut arriver au même résultat pour les diverses déclinaisons de la langue grecque. Enfin, en rapprochant l'une de l'autre les déclinaisons grecque et latine ainsi simplifiées, on remarque entre elles d'intimes rapports qui témoignent de leur commune origine et de leur affinité avec une ancienne langue asiatique dont nous avons parlé plus haut. Ce résultat ne peut s'obtenir que par des analyses philologiques trop difficiles pour que j'essaye de les présenter ici. On s'en fera du moins une idée par l'exemple suivant :

L'ablatif du pluriel latin en *is* paraît être une contraction pour *ibus; qaeis* ou *quis* pour *quibus* est usité dans le latin de Virgile et de Cicéron; on a dit aussi *Dibus* pour *Diis;* même à la première déclinaison, certains féminins en *a*, comme *equa*, conservaient la finale du datif allongé en *abus;* les finales de *vobis* et *nobis* sont du même genre. Ce datif pluriel répond à un singulier en *ibi* qu'on trouve d'abord dans *ibi*, datif de *is, ea, id*, devenu adverbe; puis dans *ubi*, puis dans *alicubi* pour *ali-cuibi*, puis dans *si-cubi* pour *si-cuibi*. Or, cette forme *bi* a une évidente analogie avec le grec φι, qui dans la langue d'Homère, a souvent aussi la valeur d'un datif : βίηφι, ἀγελῆφι, etc. Voilà déjà un lien évident entre la déclinaison grecque et la déclinaison latine. Si maintenant on les rapproche l'une et l'autre de la déclinaison sanscrite, on trouvera dans cette dernière les désinences analogues : *bhyas, bhis*[30]. Ces sortes de ressemblances comptent parmi les meilleures preuves que l'on puisse donner de l'affinité des langues où elles se rencontrent.]

§ 2. Du nom adjectif.

Le nom adjectif (ἐπίθετον, *adjectivum*) était ordinairement regardé par les anciens comme une espèce dans la classe générale des noms; il ne formait pas à lui seul une Partie du discours. Cet usage n'était pas sans raison. En effet, les noms communs ou appellatifs eux-mêmes expriment plutôt la qualité que la substance. Ῥήτωρ et δικολόγος, *orator* et *causidicus*, sont le signe d'une profession autant que de la personne qui l'exerce. On peut dire : Ῥήτωρ ἦν ὁ Δημοσθένης, *orator erat Demosthenes.* Dans ces deux propositions, ῥήτωρ et *orator* ont le rôle d'attribut, c'est-à-dire d'adjectif; et ce sens leur est aussi habituel que celui de substantif exprimant à lui seul la notion d'un être, comme dans : Δημηγορεῖ ὁ ῥήτωρ, *concionatur orator,* *l'orateur parle au peuple* ou *devant le peuple.* Si donc les noms communs sont rangés parmi les substantifs, il n'est pas nécessaire de ranger dans une classe à part les adjectifs qui n'en diffèrent pas essentiellement. L'adjectif, en effet, qualifie presque toujours le substantif, sans lequel il ne peut former un sens complet, mais il s'emploie aussi quelquefois comme substantif en grec et en français avec l'addition d'un article. Exemple : ὁ σοφός, *le sage,* et, en latin, sans le secours de l'article, *sapiens* peuvent désigner ou toute personne excellente en sagesse, ou même tel ou tel sage en particulier, exactement comme chez les Grecs ὁ ποιητής désigne souvent le poète par excellence, c'est-à-dire Homère ; ὁ ῥήτωρ, l'orateur par excellence, c'est-à-dire Démosthène.

Il y a donc de bonnes raisons pour distinguer l'adjectif du substantif, mais il y en a aussi pour réunir en un seul genre ces deux espèces de mots qui ont souvent tant de ressemblance.

L'adjectif n'exprime pas toujours une qualité constante, un véritable attribut du sujet. Par exemple, quand je dis : οὗτος ὁ ἀνήρ ou ἐκεῖνος ὁ ἀνήρ, *hic* ou *ille homo, cet homme-ci* ou *cet homme-là,* on voit par la traduction même que le français donne de la locution grecque et de la locution latine, que οὗτος et *hic* s'appliquent à une personne plus rapprochée de celui qui parle ; ἐκεῖνος et *ille*, à une personne plus éloignée. Mais le degré d'éloignement n'est pas une qualité essentielle de la personne dont on parle, comme serait la qualité exprimée par *courageux, bon, méchant*, etc. C'est donc un accident, une circonstance que nous marquons par les mots οὗτος, ἐκεῖνος, *hic, ille*; et le français nous le montre bien en employant pour ces mots une locution où entrent les adverbes de lieu *ci* (pour *ici*) et *là*. Il faut donc admettre, outre les adjectifs proprement dits, certains adjectifs qu'on appellera, si l'on veut, circonstanciels. Les Grecs et les Latins en ont un plus grand nombre que la langue française. *Premier, second*, etc., venant de *primarius, secundus*, etc.. répondent à πρῶτος, δεύτερος, etc. Mais nous n'avons pas de mots pour traduire τριταῖος, δευτεραῖος, dans le sens de : *qui vient le troisième jour* ou *le deuxième jour*. *Nocturne* ne peut guère s'appliquer chez nous aux personnes, comme *nocturnus*, dans cette phrase de Virgile :

Nec gregibus (lupus) nocturnus obambulat.

Nous sommes obligés de traduire ici *nocturnus* par une locution adverbiale : *pendant la nuit*, ce qui est moins bref et moins poétique, mais ce qui fait bien voir que l'adjectif *nocturnus* exprimait véritablement une circonstance de l'action.

Au reste, de même que l'adjectif attributif devient facilement un nom substantif, comme nous l'avons vu plus haut, de même l'adjectif circonstanciel devient facilement un pronom : οὗτος, ἐκεῖνος, *hic, ille* en sont des exemples. Tantôt, on les emploie seuls et comme pronoms, tantôt on les joint comme adjectifs à un substantif ; en français, nous avons aujourd'hui pour ces deux usages, deux locutions différentes : *Celui-ci* et *celui-là* n'ont que le sens pronominal ; *ce* ou *cet-ci*, *ce* ou *cet-là*, ne s'emploient que comme adjectifs.

Puisque l'adjectif se joint ordinairement au substantif, puisqu'il le remplace même si souvent, il est naturel que sa forme se rapproche de celle du substantif. En effet, le grec, le latin et le français donnent à leurs adjectifs des terminaisons analogues à celles du substantif. Dans les deux langues anciennes, la déclinaison de l'adjectif et celle du substantif sont presque de tout point semblables. Le français, qui ne décline pas les substantifs, ne décline pas non plus les adjectifs. Mais cette ressemblance ne se retrouve pas dans toutes les langues. L'allemand ne donne des cas à l'adjectif que quand il précède le sujet auquel il se rapporte ; autrement, il le laisse invariable. Par une méthode plus simple encore, l'adjectif anglais ne change pas de forme, quel que place qu'il occupe dans la phrase.

CHAPITRE IX.

DU PRONOM ET DE L'ARTICLE. — REMARQUER L'ABSENCE DE L'ARTICLE EN LATIN, ET MONTRER QUE L'ARTICLE EST DÉRIVÉ, EN FRANÇAIS, D'UN PRONOM LATIN COMME L'ARTICLE, DANS LE GREC CLASSIQUE, EST DÉRIVÉ D'UN ANCIEN PRONOM.

§ 1. Du pronom.

Le pronom (ἀντωνυμία, *pronomen*) a été ainsi appelé parce qu'il se met à la place du nom ; mais ce n'est pas là sa propriété essentielle. Examinons de plus près cette partie du discours, pour en mieux comprendre et en mieux définir la nature[31].

I. Dans cette phrase : « *Je* sais que *tu* viens de chez *lui*, » on distingue facilement une première, une seconde et une troisième personne, représentées par les trois pronoms : *je, tu, lui*. Le langage, en effet, est un véritable drame, où il y a des personnages (πρόσωπα, *personæ*); ces personnages ont des rôles différents, et ces rôles sont marqués ici par trois mots différents. Le premier rôle est celui de la personne qui parle; le second, celui de la personne à qui l'on parle; le troisième, celui de la personne dont on parle. Le mot qui représente chacune d'elles, ne la *nomme* pas; il la *désigne* seulement. Nous ne savons pas *qui* elle est, mais nous savons quel rôle elle joue dans le dialogue. *Je* peut être *Démosthène, Cicéron* ou *César*, un peintre, un médecin, un avocat; *tu* ou *lui* peuvent également être l'un ou l'autre de ces personnages; mais *je* est nécessairement celui qui parle, *tu* celui à qui l'on parle; *lui* celui dont on parle. Si, remplaçant les pronoms par des noms, je disais : « *César* sait que *Cicéron* vient de chez *Atticus*, » il n'y aurait plus de dialogue dans cette phrase, plus de drame, plus de personnes distinctes. Le pronom ne tient donc pas simplement la place du nom; il exprime autre chose que le nom. Ce dernier rappelle les êtres par l'idée de leur nature et de leurs qualités essentielles; le pronom les rappelle par l'idée de leur rôle particulier dans le langage.

Le pronom a naturellement trois formes, répondant aux trois personnes qu'il désigne : ἐγώ, σύ, αὐτός —*ego, tu, ille*—*je, tu, il*, et, au pluriel : ἡμεῖς, ὑμεῖς, αὐτοί—*nos, vos, illi*—*nous, vous, ils*. Mais ces trois formes n'ont pas toutes la même variété de déclinaison. Celles de la première et de la seconde per-

sonne, ont, en grec, les nombres singulier, pluriel et
duel; en latin et en français, le singulier et le pluriel. En grec et en latin, elles ont des cas, elles se déclinent. Mais les pronoms de la troisième personne
ont, en outre, des genres; bien plus, tandis qu'il n'y
a, dans chaque langue, qu'un mot pour chacune
des deux premières personnes, il y en a plusieurs
pour la troisième : αὐτός, οὗτος, ἐκεῖνος—*hic, ille, ipse,
iste*—*il, celui-ci, celui-là,* etc.; cela tient à une différence importante entre les deux premières personnes et la troisième. Essayons de montrer cette
différence.

Les deux premières personnes supposent toujours
la présence de deux interlocuteurs. Celui qui parle
et celui à qui l'on parle, étant en présence l'un de
l'autre, sont par là même des personnages bien déterminés; il n'est pas nécessaire de dire à quel genre
appartient chacun d'eux, pour que l'interlocuteur
s'en fasse une idée claire. Au contraire, la troisième
personne est absente, ou peut l'être; par conséquent,
l'idée en est généralement moins claire pour l'auditeur. Plus cette idée sera déterminée par des circonstances particulières de lieu, de genre, etc., plus
le langage « fera son office, qui est de montrer les
choses à l'esprit [32]. » De là vient que la classe des pronoms de la troisième personne est plus nombreuse
que les deux autres; de là vient qu'elle exprime
les genres : les mots ἐκείνη, *illa, celle-là,* montrent une
troisième personne qui est du singulier, au féminin,
et qui, en outre, est à une certaine distance de celui
qui parle; οὗτος, *hic, celui-ci,* désignent une troisième
personne qui est du singulier, au masculin, et qui, en
outre, est plus rapprochée de celui qui parle. Ces caractères accessoires aident à la reconnaître et à la distinguer des autres personnes dont on pourrait parler.

Par sa nature donc, le pronom de la troisième personne désigne moins nettement que ne font les deux autres, la personne qu'il représente; mais, en revanche, il a une propriété particulière que nous allons faire voir, et qui lui donne beaucoup d'importance dans le langage.

Quand je dis : « *Il* rentra à Rome en triomphe avec son armée », *il* se rapporte nécessairement à un général qui avait remporté des victoires, et dont les victoires étaient exprimées dans les phrases précédentes. Ici encore, si le pronom tient la place du nom et s'il rappelle une personne, il le fait d'une manière particulière, en résumant pour nous le souvenir des qualités ou des actions de cette personne. Dans la phrase ci-dessus, que je mette *Lucullus* ou *César* à la place de *il*, le sens de la proposition sera presque complet, et mon esprit ne se reportera pas aussi nécessairement vers les faits énoncés dans les phrases qui précèdent. Je pourrais dire, dès la première ligne d'un livre d'Histoire : « *Ovide* naquit à Sulmone sous le consulat d'Hirtius et de Pansa. » Je ne pourrais pas dire : « Il naquit, etc. » Ce mot *il* suppose des notions antérieures, et il exige qu'on les ait d'abord exprimées.

Voilà pourquoi les Grecs avaient appelé les deux premiers pronoms δειχτικὰς ἀντωνυμίας, expression que les Latins ont traduite par *demonstrativa pronomina*, et que nous avons empruntée aux Latins, mais que nous appliquons trop exclusivement à quelques pronoms de la troisième personne. Au contraire, les Grecs désignaient par ἀναφορά et les Latins par *relatio* la propriété que nous venons de signaler dans le pronom de la troisième personne : de là les locutions ἀναφορικαὶ ἀντωνυμίαι, *relativa pronomina*.

Les grammairiens français ont réservé ce nom de

pronoms relatifs pour une classe particulière de pronoms de la troisième personne, ceux qui expriment à la fois l'idée d'un pronom et l'idée d'une conjonction, et qui servent ainsi de lien entre deux propositions. Ὅς, ἥ, ὅ — *qui, quæ, quod*, et en français *qui*, sont, en effet, équivalents à καὶ οὗτος, *et ille, et il*, etc., ce qui les a fait aussi appeler pronoms *conjonctifs*. Malgré leur importance, ces sortes de pronoms, facilement reconnaissables dans l'usage, n'ont pas besoin ici d'un plus long examen.

II. Il n'en est pas de même des pronoms possessifs, dont la nature un peu complexe mérite d'être particulièrement analysée. Ces pronoms, pour la plupart, s'appelleraient mieux adjectifs possessifs, car ils ont presque toujours ce dernier sens, en grec et en latin; et dans le français seulement il existe deux formes, l'une pour le sens pronominal, l'autre pour le sens adjectif. Exemples : ἐμός, ἡμέτερος, adjectifs; ὁ ἐμός, ὁ ἡμέτερος, pronoms; en grec, comme on le voit, la seule différence consiste dans l'addition de l'article; *meus, noster*, adjectifs et pronoms ; *mon, ton, son*, adjectifs; *mien, tien, sien* (le), pronoms. Chacun de ces pronoms possessifs dérive évidemment du pronom personnel correspondant : ἐμός offre le même radical que ἐμοί, ἐμέ — ἡμέτερος rappelle ἡμεῖς ; *meus* répond à *me, noster* à *nos*, et ainsi des autres.

Si on analyse le sens d'un pronom possessif, on trouve qu'il exprime deux idées principales : celle d'un possesseur et celle d'un objet possédé : ἐμ, c'est-à-dire le radical, répond à l'idée du possesseur; ος, c'est-à-dire la terminaison répond à l'idée de l'objet possédé. Ainsi dans *me-us, tu-us* et dans *m-on, t-on*, etc. Si donc la personne du possesseur change, le radical devra changer; si l'objet possédé change, ce sera la terminaison.

Le possesseur est-il au singulier et à la première personne, on a, en grec ἐμ, en latin *me*, en français *m*; est-il au pluriel et à la première personne, on a, en grec, ἡμ, en latin *nos*, en français *no*. **En grec**, si le possesseur est au duel, le pronom possessif a pour radical le duel du pronom personnel correspondant : νῶϊ — νωΐτερος, σφῶϊ — σφωΐτερος.

Quant à l'objet possédé, selon qu'il est au singulier ou bien au pluriel, au masculin ou bien au féminin, etc., c'est la terminaison du pronom possessif qui change; en conséquence, on a : ἡμέτερος-α-ον, *noster-tra-trum*; seulement le français ici n'a plus la même variété de formes : *mien* ou *mienne, sien* ou *sienne*; *miens* ou *miennes, siens* ou *siennes*; *nôtre* ou *nôtres*.

Voilà, surtout en grec et en latin, une remarquable symétrie de formes, et des procédés d'une grande délicatesse. Le grec et le latin ne sont pourtant pas, à cet égard, les langues les plus riches en flexions. L'allemand marque par un changement de radical le changement de genre dans la personne du possesseur: *seinige* répond à *sien*, quand le nom du possesseur est masculin ou neutre; *ihrige*, quand le possesseur est féminin, de même que l'adjectif possessif *sein* s'emploie quand le possesseur est masculin ou neutre, et *ihr*, quand il est féminin. Ce procédé remarquable est tout à fait étranger à la grammaire des anciens idiomes classiques.

Au reste, l'idée de possession ne s'exprime pas seulement dans nos langues à l'aide des pronoms et des adjectifs possessifs que nous venons d'examiner; à vrai dire, le génitif d'un substantif ou d'un pronom exprime souvent cette idée : ὁ δοῦλός μου signifie la même chose que ὁ δοῦλος ὁ ἐμός; *servus meus* équivaut, pour le sens, à *servus mei*, qui n'est pas une locution usitée, mais qui n'est pas m[...] en latin que ne le serait en français [...] pour *mon esclave*.

Bien plus, le pronom possessif *leur* [...] altération du génitif *illorum* (d'eux), [...] italien *loro*, ou *lor*, comme en proven[çal ...]

En général, tout nom qui exprim[e ...] dépendance et de possession équiva[ut ...] dans laquelle le maître ou le posse[sseur ...] au génitif. Exemples : Ἑκτορίδη[ς — ...] δαυΐδαι — ἔκγονοι Δαρδάγου, etc. Les nom[s ...] sont donc de véritables possessifs, [...] génitif est si sensible que les langu[es ...] dispensent souvent d'exprimer les [...] *jux*, etc., dans les locutions usuelle[s ...] στοχλῆς Νεοχλέους — *Thémistocle, fils de N[...] Crassi, — Métella, femme de Crassus.* [...] adjectifs possessifs latins, comme *Cæsar[...] natianus, Agrippinianus* désignent les [...] César, les esclaves de Mécène ou d'Agrip[pa ...]

On aura sans doute remarqué que, dan[s ...] exemples, le français remplace la termi[naison du] génitif par la particule *de* précédant les mot[s ...] *femme, esclave*, etc. Nous reviendrons sur cette [par-] ticularité dans le chapitre suivant.

§ 2. De l'Article.

Beaucoup de grammaires élémentaires défin[issent] l'article (ἄρθρον, *articulus*) « un mot qui se place devant les noms pour en marquer le genre et le nombre ». En effet, comme l'article ὁ, ἡ, τό — *le, la, les*, a, pour marquer le genre et le nombre, des terminaisons différentes et que le nom n'en a pas toujours, l'article, en se plaçant devant le nom, nous aide à en distinguer le genre et le nombre. Exemples : ὁ ἄνθρωπος, ἡ νῆσος, *le bastion*, *la ration*. Mais c'est là un usage tout à fait accidentel de l'article. Les grammairiens latins, qui n'ont pas ce moyen pour distinguer brièvement, dans leurs discussions, un nom masculin d'un féminin ou d'un neutre, disent : *hic homo*, *hæc ratio*, *hoc animal*, se servant, pour le même usage, du pronom *hic, hæc, hoc*[34]. Cela ne nous autoriserait pas à définir ce pronom « un mot qui sert à marquer le genre et le nombre. »

Comme l'article a en français et en grec la même valeur, quoiqu'il ait en grec des usages plus variés qu'en français, prenons dans notre langue quelques exemples dont l'analyse fera voir quelle est la vraie fonction de l'article.

Les deux mots *le cheval* peuvent être régulièrement employés de trois manières :

1° Si l'on veut exprimer en général, le quadrupède qui a tels et tels caractères *bien connus*, comme dans cette phrase : « Le cheval est la plus noble conquête que l'homme ait jamais faite, etc. »

2° Si l'on fait allusion à un cheval en particulier, mais *bien connu* d'avance, comme dans cette phrase : « J'ai rencontré un homme monté sur un cheval ; l'homme est tombé, *le cheval* s'est échappé. » Là, en effet, c'est parce que le cheval dont je parle est déterminé par les mots précédents que j'ai pu employer correctement l'article.

3° La notion antérieure peut aussi être exprimée par des mots qui ne viendront qu'après le mot *cheval*, comme dans : « Avez-vous vu le cheval *que j'ai admiré hier*? » Ce qui justifie l'emploi de l'article devant le mot *cheval*, c'est la notion que j'avais déjà de cet animal, quoique cette notion ne soit exprimée ici qu'après le nom même de l'animal.

Au contraire, lorsque l'idée que renferme le nom

ne nous est pas antérieurement connue, lorsqu'elle est indéterminée, notre langue emploie le mot *un, une,* qu'on a même appelé, à cause de cela, *article indéfini.* Le grec peut aussi employer en pareil cas le mot τίς; mais le plus souvent il se contente d'employer le nom sans article.

L'article est donc une espèce d'*adjectif démonstratif* ou *relatif,* puisqu'il se met devant les noms, quand les noms se rapportent à une idée, à une notion déjà conçue par l'esprit; ou, en d'autres termes, à une personne ou à une chose qu'il nous font reconnaître et non pas connaître pour la première fois.

L'article est donc un mot utile et commode, plutôt que nécessaire, et, bien que notre langue le possède comme la langue grecque, on ne s'étonnera pas qu'elle n'en fasse pas toujours le même usage; par exemple, chez nous, l'article est d'ordinaire supprimé devant les noms propres, tandis qu'il accompagne très-souvent en grec ces sortes de noms. Le français ne connaît pas non plus les tournures comme ὁ δοῦλος ὁ Σωκράτους, où le premier article marque qu'il s'agit d'un esclave déterminé parmi les esclaves d'un même maître, et le second qu'il s'agit d'un maître déterminé, *Socrate* et non pas tel autre. Mais en français comme en grec, l'article a la propriété de changer un infinitif en un véritable nom : τὸ λέγειν, τοῦ λέγειν, τῷ λέγειν, etc., et en français : *le boire, le manger, le dîner, le souper,* etc. De même pour les participes : ὁ νικήσας, ὁ ἡττωμένος, *le gagnant, le perdant, le survivant,* etc.

Si l'article a quelque ressemblance avec ces pronoms de la troisième personne que nous avons examinés tout à l'heure (ἀναφορικαὶ ἀντωνυμίαι, *relativa pronomina*) (a) et qui expriment la relation à une notion

(a) Voyez plus haut, p. 51, 52.

antérieure, il paraîtra naturel que ces deux mots aient la même étymologie. En effet, le pronom ὅς, ἥ, ὅ, et l'article ὁ, ἡ, τό viennent tous deux d'un pronom dont le pluriel τοί, ταί existe même chez les poëtes doriens. Les formes de ὁ, ἡ, τό qui ne s'emploient que comme articles dans la prose classique depuis Thucydide, sont très-fréquemment employées comme pronoms dans Homère et encore dans Hérodote. On en trouve la preuve à chaque page de ces écrivains[35].

Par une analogie bien remarquable, l'usage d'un article déterminatif s'est établi de la même manière dans les langues germaniques, en allemand, par exemple, où l'article *der, die, das,* garde encore, dans plusieurs cas, le sens pronominal. Mais, ce qui nous intéresse de plus près, le français, comme les autres langues modernes originaires du latin, a dérivé l'article d'un pronom latin ; le pronom *ille, illa, illud,* par des changements divers et successifs que je ne puis exposer ici, est devenu :

en français : *le, la, les ;*
en italien : *il, lo, la, le, i, gli ;*
en espagnol : *lo, la; los, las.*

[Ainsi le changement qui s'était opéré en grec dans l'usage d'un pronom, et qui en avait fait l'article, n'a pu s'opérer de même dans la langue latine, ni par une transformation naturelle du pronom, ni par une imitation réfléchie de l'article grec. Les grammairiens romains ont tous reconnu que leur langue manquait d'articles; Quintilien même prétend qu'elle peut s'en passer : *Noster sermo articulos non desiderat,* dit-il en propres termes (a). Ce qui est certain, c'est que le latin n'a produit, qu'après s'être corrompu et décomposé pour donner naissance aux langues néo-latines, cette Partie

(a) *De Institutione oratoris,* I, ɪᴠ § 19.

du discours, qui s'est constituée, d'elle-même, dans des idiomes tout à fait inconnus aux grammairiens grecs et latins. Enfin, ce caractère, par lequel la langue latine s'éloigne du grec, la rapproche du sanscrit où existe le pronom démonstratif *ta* (masculin), *tâ* (féminin), qui ne s'y est jamais transformé en article, non plus que dans deux idiomes de la même famille, l'ancien slave et le lithuanien. C'est là un des faits les plus dignes d'être signalés dans l'histoire des langues européennes [36].]

CHAPITRE X.

DE LA PRÉPOSITION, ET DE SES RAPPORTS AVEC LA DÉCLINAISON DES NOMS.

On a déjà vu comment les cas ou flexions casuelles servent à marquer le rapport qui unit deux mots entre eux : οἶχος Ὀδυσσέως, — *la maison d'Ulysse; mænia Trojæ,* — *les murs de Troie; eo Romam,* — *je vais à Rome;* et, en même temps, on a remarqué comment le français, qui manque de ces désinences, y supplée par des particules que l'on appelle prépositions (προθέσεις, *præpositiones*), à cause de la place qu'elles occupent ordinairement avant le second mot.

Si les prépositions et les désinences ou flexions casuelles servent au même usage, il semble étonnant, au premier abord, que le grec et le latin aient à la fois des cas et des prépositions; l'un ou l'autre des deux procédés suffisait, à la rigueur, pour exprimer les rapports de propriété, de dépendance, de direction, etc., qui peuvent exister entre les mots. Mais ces rapports sont très-nombreux, et le nombre des cas, même dans les langues qui ont la plus riche déclinaison, est assez restreint. Le sanscrit a huit cas, le latin en a six, le grec n'en a que cinq[37]; aussi, même dans ces langues, les prépositions viennent utilement en aide au petit nombre des cas, pour exprimer les idées très-diverses auxquelles les cas ne pourraient suffire. En grec, l'accusatif οἶκον se construit avec les prépositions περί, πρός, εἰς, παρά, pour signifier : *autour, vers le dehors, vers le dedans, le long* ou *auprès de la maison*. *Urbem* en latin se construit de même avec *in, per, ad,* selon qu'il s'agit d'entrer dans la ville, ou de la traverser, ou de se diriger seulement vers la ville. Tantôt la flexion casuelle est seule employée, comme dans les exemples cités au commencement de ce chapitre; tantôt elle se joint à une préposition qui en détermine le sens. Mais dans le cas de ce rapprochement, il faut bien avouer que la flexion casuelle perd beaucoup de son utilité. Dans les locutions *juxta urbem, per urbem, ad urbem,* la finale *em* importe bien peu à la clarté; les locutions françaises comme : *près de la ville, à travers la ville,* et *à la ville,* sont parfaitement claires. Aussi l'on comprend très-bien que l'usage des prépositions, en se multipliant, ait fini par détruire dans certaines langues celui des cas. L'empereur Auguste, dit-on, préférait, comme plus clairs, les tours de phrase où la préposition exprime le rapport de deux mots aux tours où ce rapport n'était exprimé que par une désinence casuelle; par exemple, il écrivait plus volontiers : *impendere in aliquam rem* que *impendere alicui rei,* — *includere in carmen* que *includere carmine* ou *carmini*[38]. En cela, Auguste faisait ce que plus tard firent presque tous ceux qui parlaient le latin. On trouvait plus commode d'exprimer un rapport par un mot que par une terminaison, et c'est là une des causes qui ont peu à peu effacé la déclinaison des noms dans le français comme dans les autres langues dérivées du latin.

Le mot qui suit la préposition s'appelle son *complément*, parce qu'il en complète le sens ; ou son *régime*, parce que, dans les langues anciennes, elle le régit à tel ou tel cas.

Les prépositions servent encore à un autre usage dans les trois langues classiques : elles forment avec les autres mots, surtout avec les verbes, des mots composés. Exemples : σύνδυο pour δύο, *deux à la fois*, συνέψηβοι, *compagnons de gymnase* ; ἀποτρέπω, *détourner*, προτρέπω, *tourner vers, encourager* ; en latin : *avertere, pervertere, subvertere, profugus, transfuga, commilitones* ; en français : *détour, détourner, parachever, décompte*, etc[39]. Nous avons vu, au chapitre v, que dans ces alliances de mots la préposition a, en général, un sens plus expressif que lorsqu'elle est employée seule.

[Quelquefois la différence est plus grande encore entre les deux sens d'une même particule, selon qu'on l'emploie seule ou bien en composition. Exemples : ἀπό dans ἀπόῤῥητος, *qu'on ne doit pas dire*, où il exprime négation et même défense ; *in* dans *injustas, inultus*, où il a évidemment le sens d'une véritable négation ; *ab* dans *abdicare* pour *renier*, où il a aussi la valeur négative.

Il y a même dans les trois langues des particules indéclinables qui ne s'emploient jamais seules. Exemples : δυσ-γενής, *mal né* ou *malheureusement né* ; ἀρί-δηλος, *très-brillant* ou *très-illustre* ; en latin, *sim-plex, sin-cerus*, où la première syllabe est une particule négative qui joue le même rôle que l'α privatif dans les composés grecs correspondants : ἀ-πλοῦς, ἀκέραιος ; en français, *im-prenable, in-trouvable, re-nier, mé-fait, mé-prendre, mé-suser, for-faire*, etc. Mais dans cette dernière langue, il faut remarquer que le plus grand nombre de ces composés est d'origine purement latine. Ainsi *déclinable* n'a pas été composé en français, il est venu tout composé du latin *declinabilis* ; de même *parjure* de *perjurus*, *perjurium* ; *contredire* de *contradicere* ; et *contradictoire* de *contradictorius* adjectif en usage dans le latin de la décadence.]

Les prépositions ont avec les adverbes des rapports de sens et d'étymologie que nous signalerons dans le chapitre XIII.

CHAPITRE XI.

DU VERBE, DE SES VARIÉTÉS ET DE SES MODIFICATIONS.
DE LA CONJUGAISON.

§ 1. Définitions et observations générales.

Nous avons vu déjà, dans le chapitre VI, quel est le rôle du verbe (ῥῆμα, *verbum*) dans la proposition, et combien le verbe diffère soit du sujet, soit de l'attribut. Le verbe est le véritable signe du jugement. Partout où il y a un verbe, il y a un jugement et une proposition ; partout où le verbe manque, il n'y a que des notions isolées, des idées sans lien, ou des alliances de mots incomplètes. Exemples : *Smyrne*, *Colophon*, etc., *hæc ædes Jovis* ou *Saturni*, πολλοὶ ἄνθρωποι, *multi homines*, *beaucoup d'hommes*, etc. ; voilà des notions isolées, (c'est ainsi que se suivent les mots dans un lexique de noms ou d'adjectifs), ou qui, tout au plus s'unissent deux à deux sans former un jugement complet, sans montrer que celui qui les prononce est un être raisonnable. Au contraire, que le verbe vienne se placer entre ces mots, il en fait des propositions, des phrases ; il anime, pour ainsi dire, ces éléments inanimés du langage ; il en fait un corps et leur donne la vie. Ainsi : « *J'ai vu* Smyrne et Colophon. — Ce temple *est* le temple de Jupiter ou de Saturne. — Les hommes sont nombreux, ou — Il y a beaucoup d'hommes qui, etc. »

Précisément parce que le verbe est si nécessaire au discours, il peut être sous-entendu dans beaucoup de phrases, et l'esprit le supplée avec une extrême facilité. Dans la phrase : « Auguste succéda à Jules César, et Tibère à Auguste, » il y a deux propositions quoiqu'il n'y ait qu'un seul verbe exprimé : le second verbe est sous-entendu. Les locutions comme : *debout ! en avant !* sous-entendent chacune un verbe à l'impératif, et n'en sont pas moins claires pour cela. Il en est de même dans les locutions comme : *Heureux ceux qui*, etc., pour *ceux-là* SONT *heureux* qui, etc. « *Felix qui potuit cognoscere,* » pour « *Felix* EST *qui potuit cognoscere.* »

D'un autre côté, même quand le verbe n'est pas sous-entendu, il n'est pas toujours facile de le distinguer dans la phrase. A vrai dire, le seul signe particulier de l'affirmation dans le langage est le verbe que nous appelons par excellence *verbe substantif* : εἶναι, *esse*, *être*, qui marque, dans la proposition, le rapport du sujet et de l'attribut. Mais le verbe s'unit si naturellement avec l'attribut que presque tous les verbes qu'on rencontre dans l'usage sont des *verbes attributifs* ; φιλῶ pour εἰμὶ φιλῶν — *amo*, pour *sum amans*, — *j'aime* pour *je suis aimant*, — φιλοῦμαι pour εἰμὶ φιλούμενος, — *amor* pour *sum amatus*, qui se traduit en français par une locution où l'on voit clairement le verbe distinct de l'attribut : *je suis aimé.*

C'est donc le verbe attributif que nous allons surtout étudier ici, mais tout ce que nous allons en dire pourra s'appliquer avec la même vérité au verbe substantif qui y est naturellement renfermé.

Le verbe a, dans les trois langues classiques, une

très-grande variété de formes grammaticales. Il peut marquer par des flexions particulières :

1° Les divers états de l'âme, comme le vœu ou le désir par l'optatif : δυναίμην, *possim*, *puissé-je*; la volonté, par l'impératif : πάταξον, *ferito*, *frappe*, etc. C'est ce que les Grecs appelaient d'un mot assez obscur ἐγκλίσεις, et les Latins *modi*, d'où notre mot français *modes*.

2° Le temps auquel l'action se rapporte : λύω, *libero, je délivre*; ἔλυον, *liberabam, je délivrais*, etc. Ces formes s'appellent des *temps* (χρόνοι, *tempora*).

3° La personne du sujet de la proposition (πρόσωπον, *persona*) : τίθημι, τίθης, τίθησι ; — *pono, ponis, ponit*; — *je place, tu places, il place.*

4° Le nombre (ἀριθμός, *numerus*), selon que le sujet est au singulier, au pluriel, et même, en grec, au duel : τίθεμεν, τίθετε, τιθεῖσι, τίθετον ; — *ponimus, ponitis, ponunt*; — *nous plaçons, vous placez, ils placent;* et même le genre, comme dans les participes λύων, λύουσα, — *victus, victa.*

5ᵉ L'état du sujet (διάθεσις, *genus*), selon que le sujet est actif ou passif, ou l'un et l'autre à la fois, etc. : τιθέναι, τίθεσθαι ; — *ponere, poni*; — *placer, être placé.* Ces différences s'appellent chez nous d'un nom encore moins clair que le mot grec et le mot latin correspondants, les *voix.*

L'ensemble de ces flexions, rangées selon un certain ordre, s'appelle *conjugaison*, à l'imitation d'un mot grec (συζυγία, *conjugatio*), qui signifie réunion, accouplement ou arrangement symétrique.

Reprenons maintenant chaque partie de la conjugaison pour l'examiner avec plus d'attention.

§ 2. Des Modes.

Les modes se divisent en modes personnels et

modes impersonnels, selon qu'ils marquent ou ne marquent pas la différence des personnes. Les modes personnels sont donc : l'indicatif, l'impératif, le subjonctif, communs aux trois langues ; l'optatif, particulier au grec, le conditionnel, particulier au français. Les modes impersonnels sont l'infinitif et le participe, communs aux trois langues, avec cette différence toutefois que le latin possède seul ce qu'il appelle le *gérondif* et le *supin*[40].

On peut rattacher au participe les adjectifs verbaux grecs en τέος, comme πρακτέος, qui répond au latin *agendus*, et les adjectifs verbaux latins en *bundus*, comme *populabundus*, qui expriment l'idée d'une action habituelle et prolongée, c'est-à-dire, pour l'exemple ci-dessus, un peu plus que l'idée comprise dans le simple participe *populans*[41].

L'optatif et le conditionnel sont des formes moins particulières qu'on ne pourrait le croire aux langues qui les ont ainsi nommés. L'optatif grec (εὐκτική) se traduit très-facilement par un subjonctif en latin et en français par un conditionnel, soit seul, soit précédé de la particule *que* : βουλοίμην, *velim*, *je voudrais*, ou *que je voudrais!* Quelquefois le latin lui-même est obligé d'ajouter au subjonctif le mot *utinam* ou quelque autre mot de même valeur, et alors le français emploie une périphrase, comme *puissé-je*, avec un infinitif. Ce sont là des différences très-réelles dans l'usage, et qu'il importe d'observer pour écrire correctement le latin et le français. Mais, comme l'optatif se construit en grec avec les particules qui marquent l'idée de condition; comme il en est de même du subjonctif en latin : εἰ δυναίμην, *si possim*, etc., on peut dire que, sur ce point, les trois grammaires n'offrent pas de différences profondes.

L'infinitif et le participe se retrouvent dans les trois

langues avec les mêmes caractères généraux. Par leur forme seule on voit déjà qu'ils se rattachent étroitement aux autres modes du verbe : λῦσαι et λύσας, à ἔλυσα — λελυκέναι et λελυκώς, à λέλυκα. De même, *vivere* et *vivens* à *vivo*, *sumere* et *sumens* à *sumo*, *sumtus* à *sumtum* et *sumsi*, *amatus* à *amatum* et *amavi*, etc.

Comme les autres modes, ils peuvent avoir un sujet, l'infinitif, dans : κελεύω σε θαῤῥεῖν, — *jubeo te fidere*; le participe, dans : περιτελλομένων ἐνιαυτῶν, — *volvendis annis*, — *les années s'écoulant*, mot à mot, *se déroulant*, pour : *pendant que les années se déroulent ou se déroulaient*.

Comme les autres modes, ils ont un régime et ils le gouvernent au même cas. Exemples : στέργω τὴν τύχην, *je me contente de ma fortune — laudo fortunam*; de même στέργειν ou στέργων τὴν τύχην, et *laudare* ou *laudans fortunam*.

Les adjectifs verbaux en τέος, employés au neutre avec le sens d'obligation, de devoir, ont aussi la propriété de régir le même cas que le verbe d'où ils dérivent : ἐπαινῶ τὸν ἄνδρα, *je loue cet homme*, — ἐπαινετέον τὸν ἄνδρα, *il faut louer cet homme*. De même en latin *habendum*, *il faut avoir*, dans cette phrase de Varron : *canes paucos et acres habendum*. Les adjectifs verbaux en *bundus*, dérivés d'un verbe actif ou déponent, ont aussi le même régime que le verbe dont ils dérivent : *vitabundus castra hostium* (Tite Live).

Enfin, comme les autres modes, l'infinitif et le participe ont des temps[42], c'est-à-dire qu'ils marquent par des terminaisons particulières les temps où se passe l'action qu'ils expriment : λύων, λύσας, λελυκώς, — *liant, ayant délié*; *moriens, moriturus* — *mourant, devant mourir*, etc.

Ainsi, malgré quelques exceptions qu'il n'est

pas à propos de discuter dans cet ouvrage, on peut considérer l'infinitif et le participe comme des modes du verbe et comme des mots distincts du substantif et de l'adjectif, avec lesquels ils ont d'ailleurs une ressemblance incontestable.

[Toutefois, le participe était déjà, chez les anciens, considéré comme un mot distinct de la conjugaison. Plusieurs grammairiens modernes [45] ont fait également du participe une Partie du discours ; ils pensent que le participe ne saurait, à lui seul, jouer le rôle d'un verbe. De même, ils pensent qu'une phrase dont l'unique verbe est à l'infinitif n'est pas une proposition. Cela équivaut à dire que pour faire une proposition il faut un verbe à un mode personnel. Comme cette opinion est répandue dans quelques livres élémentaires, je ne puis me dispenser de l'examiner ici le plus brièvement et le plus simplement qu'il me sera possible.

Nous avons vu que tout mot ou tout groupe de mots qui forme un sens complet (λόγος ou αὐτοτελὴς λόγος), qui exprime un jugement, est une proposition, et que par conséquent il renferme un verbe énoncé ou sous-entendu. Analysons, d'après cette règle, une locution dans laquelle figure l'infinitif.

ψεύδεσθαι αἰσχρόν ἐστι et τὸ ψεῦδος αἰσχρόν ἐστι. — *Mentiri turpe est* et *Mendacium turpe est.* — *Il est honteux de mentir,* et *Le mensonge est honteux.* En grec, en latin ou en français, ces deux locutions ont-elles absolument la même valeur? Dans l'une, avec ψεύδεσθαι, *mentiri, mentir,* on devine un sujet, sujet encore vague et indéterminé, mais très-réel : τινά, *aliquem, quelqu'un.* Joint à l'infinitif, ce sujet complète une véritable proposition : εἶναί τινα ψευδόμενον, *esse aliquem mentientem,* « quelqu'un être mentant. » Il y a donc, dans la première locution, deux propositions, dont l'une, il est vrai, sert de sujet à la seconde, mais n'est pas moins pour cela une proposition véritable. Au contraire, dans la seconde locution, ψεῦδος, *mendacium* et *le mensonge* sont des substantifs purs et simples, des substantifs abstraits, servant de sujet au verbe qui suit, et modifiés par l'attribut αἰσχρόν, *turpe, honteux*. Cette seconde locution ne renferme donc qu'une proposition.

La pensée que nous exprimons par ces deux locutions est, au fond, la même; mais elle n'est pas également développée. Plus étendue dans la première, elle est plus resserrée dans la seconde.

L'infinitif peut donc garder son rang parmi les modes et dans la conjugaison du verbe.

Cela n'empêche pas qu'il soit quelquefois employé comme un véritable substantif. Dans ce cas, il reçoit en grec et en français l'adjonction de l'article qui caractérise le nom : τὸ κερδαίνειν, τοῦ κερδαίνειν, τῷ κερδαίνειν, etc., dans le simple sens de *gain, trafic*; — de même : *le boire* pour *la soif; le manger* pour *la faim*, dans la locution française : « perdre *le boire* et *le manger*. » C'est un nouvel exemple de ces mots à double usage qu'on trouve si souvent dans les langues, et qui, selon l'emploi qu'on en fait, rentrent, sans changer de forme, dans différentes Parties du discours.

Le grec ancien semble prouver aussi que l'infinitif est un verbe en le remplaçant fréquemment par ὅτι joint à un mode personnel; et le grec moderne, qui n'a pas d'infinitif, le prouve mieux encore, car il emploie régulièrement à sa place un mode personnel précédé de la conjonction νά (pour ἵνα, — *que*). Le latin de la décadence employait de même *quia* ou *quod* avec l'indicatif dans les phrases où le latin classique aurait exigé un infinitif. Enfin, la règle de syntaxe, connue sous le titre de *Que retranché*, nous montre aussi que notre langue remplace l'infinitif latin par un mode personnel précédé de la conjonction *que*.

On pourra démontrer, par une analyse semblable, que le participe est réellement un mode du verbe, quoiqu'il s'emploie souvent avec le sens d'un simple adjectif.]

L'orthographe française a même, en ce qui concerne le participe présent, un véritable avantage; elle distingue nettement les cas où il est employé comme verbe et les cas où il est employé comme adjectif. *Commençant, finissant*, etc., sont invariables quand ils ont le sens d'un participe présent actif ou neutre; ils prennent la terminaison du masculin ou du féminin, et celle du singulier ou du pluriel, quand ils sont employés comme adjectifs ".

§ 3. Des Temps.

Nous avons déjà vu que l'idée de temps s'exprimait dans le langage par certains adjectifs comme δευτεραῖος, τριταῖος, *nocturnus, hesternus, hodiernus*, etc. Elle s'exprime encore par des noms spéciaux, comme *jour, année*, unis à des noms de nombres, *deux, trois*, etc.; ou par des locutions plus brèves, comme *hier, aujourd'hui, demain*, etc., que nous retrouverons parmi les adverbes. Le verbe exprime, à sa manière, mais avec moins de précision, les principales époques de la durée, pour marquer à laquelle de ces époques une action se rapporte.

Ainsi *lego, legam, legi*, — *je lis* (*dans* l'instant présent), *je lirai* (*après* l'instant présent), *j'ai lu* (*avant* l'instant présent). Voilà les trois principaux temps : le présent, le futur, le passé. Ces temps se subdivisent, en latin et en grec, avec une symétrie remarquable, que le français n'a pas exactement reproduite.

De même que *lego, legam, legi*, ne se rapportent qu'à un seul temps, le présent; de même λύω, λύσω, ἔλυσα, marquent une action, ou simultanée, ou postérieure, ou antérieure à un seul et même moment, le moment où je parle, le présent.

Legebam, legeram, legero, sont très-différents; ils expriment un double rapport, ou, en d'autres termes, ils nous rappellent à la fois deux instants de la durée.

Legebam, je lisais, est un passé par rapport à l'instant où je parle, car il marque une action accomplie; mais c'est aussi un présent par rapport à l'action qui s'est faite en même temps que celle de lire : *Je lisais quand vous êtes entré.* *Lire* et *entrer* sont deux actions simultanées ; elles ont eu lieu au même instant, dans le passé.

Legeram, j'avais lu, est aussi un passé par rapport à l'instant où je parle ; mais c'en est un aussi par rapport à un autre instant qui, lui-même, est passé : *J'avais lu, quand vous êtes entré.* L'action de *lire* est antérieure à celle d'*entrer*, qui, à son tour, est antérieure au temps où je parle.

Legero, j'aurai lu, exprime d'abord un futur, puis un passé : un futur, par rapport au moment où je parle ; un passé, par rapport à un autre futur qui va être exprimé : *J'aurai lu, quand vous viendrez.*

Cette alliance du présent et du passé se marque très-bien dans *lĕgebam*, qui, en effet, vient de l'indicatif présent *lĕgo*, en ajoutant au radical *leg* la terminaison de l'imparfait *ebam*.

L'alliance d'un passé avec un autre passé se marque très-bien dans *lēgeram*, qui, en effet, vient du parfait *lēgi*, en ajoutant au radical *lēg* l'imparfait même du verbe *sum*, c'est-à-dire *eram*.

Enfin, l'alliance du futur et du passé se marque très-bien dans *lēgero*, qui, en effet, se forme du parfait *lēgi*, en ajoutant au radical *lēg* la terminaison *ero*, qui est le futur du verbe *sum*.

Comparez de même : *pōno — pōnebam,*
pŏsui — pŏsueram,
pŏsui — pŏsuero,

ou encore : *pango — pangebam,*
pepigi — pepigeram,
pepigi — pepigero.

Les temps de la première série sont ceux qu'on

appelle ordinairement *temps primitifs*; ceux de la seconde s'appellent *temps secondaires*, parce qu'on les dérive des premiers[15].

La langue grecque reproduit cette analogie si remarquable :

Temps à rapport simple : λύω, λέλυκα, λύσομαι; temps à rapport double : ἔλυον, ἐλελύκειν, λελύσομαι, où on voit le radical du présent λύω former l'imparfait ἔλυον; le radical du parfait λέλυκα former le plusque-parfait ἐλελύκειν; le radical du futur λύσω, ou au moyen λύσομαι, former le *futur antérieur* λελύσομαι équivalant au *futur passé* des Latins.

L'aoriste grec ἔλυσα offre, au premier abord, un caractère tout particulier; mais on peut remarquer que le σ qui le caractérise se retrouve dans les parfaits en *si* qui sont assez nombreux dans la conjugaison latine : *carp-si, sum-si, vexi* (pour *vec-si*), *indul-si*, etc.

La symétrie des temps grecs et latins n'a pas disparu entièrement de la conjugaison française : *je lis, je lus, je lirai — je lisais, j'avais lu, j'aurai lu*, répondent bien, pour le sens, aux deux séries de temps qu'on vient d'analyser; et, quant à la forme, *je lisais* offre le radical du présent avec la terminaison d'un passé; *j'avais-lu* offre la réunion de deux temps passés; *j'aurai-lu*, la réunion d'un futur et d'un passé.

D'ailleurs, tandis que le latin n'a qu'une forme pour le parfait, le grec en a deux, ἔλυσα et λέλυκα; le français en a trois et même quatre : *je déliai, j'ai délié, j'eus délié, j'ai eu délié*; mais ces deux dernières sont assez rares dans l'usage, et il en est de même de plusieurs autres formes verbales que notre langue compose facilement à l'aide de l'auxiliaire *avoir*, mais qui ne méritent guère d'entrer dans un tableau de la conjugaison française.

§ 4. Des Personnes et des Verbes impersonnels.

Le verbe ayant des rapports étroits avec le sujet de la proposition, il est naturel que les formes verbales expriment par des désinences particulières la différence des personnes ; et ces désinences paraissent n'avoir été primitivement que les trois pronoms personnels, joints au radical même de chaque temps du verbe. Par exemple, dans l'ancienne conjugaison des Doriens : τίθη-μι, τίθη-σι, τίθη-τι, où l'on reconnaît encore les radicaux : εμ pour la première personne (ἐμέ-ἐμοί), σ pour la seconde (σύ-σέ), τ pour la troisième (τός, τή, τό, ancienne forme du pronom de la troisième personne que nous avons signalée plus haut, page 57). La finale ω, qui, dans presque tous les verbes actifs, a remplacé en grec la forme en μι, et qui paraît presque seule en latin (a), rappelle le pronom ἐγώ (éolien ἰών). Au passif du verbe grec ces terminaisons se sont mieux conservées : μαι — σαι — ται. En latin, c'est au contraire le verbe actif qui en offre la trace la plus évidente : *am-o, ama-s, ama-t, leg-o, legi-s, legi-t,* etc[46].

En français, les finales s'étant affaiblies, par des raisons expliquées plus haut, à tel point que la différence des personnes y est presque insensible pour l'oreille, surtout dans les trois personnes du singulier, l'usage s'est introduit de placer devant le verbe, ou après lui dans les phrases interrogatives, le pronom personnel : *j'aime, tu aimes, il aime, aime-t-il,* etc. Cette addition serait moins nécessaire au pluriel : *nous aimons, vous aimez, ils aiment, nous finissons, vous finissez, ils finissent ;* mais une fois consa-

____

(a) On sait que *sum* et *inquam* sont, dans la conjugaison latine, les seuls exemples de premières personnes du singulier, à l'indicatif présent, terminées par un *m.*

crée dans la pratique pour le singulier, elle a passé aux autres formes. Seulement, on supprime les pronoms à l'impératif : *marchez, restez*, etc.

Certains verbes qui ne s'emploient qu'à la troisième personne, sont appelés par les grammairiens des verbes *impersonnels* ou *unipersonnels*. Exemples : βροντᾷ, *tonat*, etc. Ces formes ont, en outre, la propriété de former à elles seules une proposition ; et en les analysant on trouve que le sujet de cette proposition n'est autre que l'idée d'une action ou d'un phénomène exprimé par le verbe. Βροντᾷ est pour βροντὴ γίγνεται, *tonat* pour *tonitru fit, concurritur* pour *fit concursus, peccatur* pour *fit peccatum* ou *fiunt peccata, pœnitet, pudet* pour *pœna* ou *pudor habet*, etc. C'est donc en quelque sorte un nom qui prend une terminaison verbale et qui se conjugue. De là vient qu'on a aussi défini les verbes impersonnels des *sujets conjugués*; et cette définition paraîtra d'autant plus juste, si l'on compare les locutions : ἀνάγκη (sous-entendu ἐστί) avec δεῖ, — *opus est* avec *oportet*, — *besoin est* (dans le style judiciaire) avec *il faut*, — *eundum est* avec *il faut aller*, etc. En français, où la désinence personnelle est presque insensible, on voit que le pronom *il* y supplée : *il tonne, il pleut*, etc.

On remarquera, du reste, que la plupart de ces verbes expriment, soit des idées morales d'un caractère très-général, soit des phénomènes naturels dont la cause est inconnue ou mal connue. Cela explique comment le sujet de ces propositions reste ainsi vague et comme enveloppé avec l'attribut sous un seul et même mot.

§ 5. Des Nombres et des Genres.

Si le verbe exprime ordinairement la *personne* du sujet, il est naturel qu'il en marque aussi le *nombre*, c'est-à-dire, qu'il ait des terminaisons particulières selon que le sujet est au singulier, au pluriel ou au duel, en grec; au singulier ou au pluriel, en latin et en français. Le participe peut marquer, de plus, le genre du sujet. Sa nature verbale ne s'y oppose nullement. Parce que le genre du sujet est marqué dans : φιλῶν τὴν πατρίδα, φιλοῦσα τὴν πατρίδα, ce ne sont pas moins des locutions verbales, exactement comme *amans patriam*. Le latin ne marquant ces différences de genre que dans les participes en *tus*, nous avons été conduits à ne les marquer, en français, que dans les participes passés : *aimé — aimée; vaincu — vaincue*. Les formes actives *aimant, triomphant* ne prennent chez nous les désinences du genre que lorsqu'elles sont employées comme de simples adjectifs. C'est là une règle d'orthographe, commode dans l'usage, mais qui ne change rien au principe appliqué, chez les Grecs et les Latins, à la déclinaison du participe.

De même, dans les locutions comme ἐπαινετέοι οἱ ἄνδρες pour ἐπαινετέον τοὺς ἄνδρας, *legendi sunt milites* pour *legendum est milites*, l'adjectif grec en τέος et le participe latin en *dus* gardent la force d'un verbe tout en marquant le genre et le nombre, non plus du sujet, mais du régime même de ce verbe.

C'est un exemple de la flexibilité avec laquelle le verbe se prête à des combinaisons qui rendent le langage plus vivant et plus varié.

§ 6. Des Voix.

Le sujet du verbe est tour à tour *actif* ou *passif*, ou *actif et passif* à la fois. Souvent aussi on ne peut distinguer s'il est actif ou passif, et dans ce cas on dit qu'il est *neutre*.

Le sujet est actif dans τύπτω, *ferio, je frappe;* passif

dans τύπτομαι, *ferior, je suis frappé;* il est actif et passif à la fois, c'est-à-dire réfléchi ou moyen dans λούομαι, *lavor, je me baigne.* Mais il est neutre dans un certain nombre de verbes qui ne peuvent pas, au moins dans l'usage vulgaire, être employés tour à tour à l'actif ou au passif; par exemple, dans βαίνω, *incedo, je marche,* etc., parce que le passif de tels verbes serait une locution dépourvue de sens. Ces divers états du sujet, exprimés par l'attribut, donnent lieu, par conséquent, aux quatre variétés du verbe attributif, qu'on appelle les voix et qui sont : l'actif, le passif, le moyen ou réfléchi et le neutre.

Rien n'est plus régulier ni plus raisonnable que cette division; et, si les langues pouvaient toujours avoir autant de formes particulières pour exprimer les quatre voix, si chacune de ces formes ne s'appliquait qu'à une seule voix, la grammaire des verbes en serait d'autant simplifiée. Malheureusement cette symétrie ne se soutient pas toujours dans l'usage des trois langues classiques. Il semble même qu'elle ne peut guère se maintenir dans aucune langue, les caprices de l'usage mêlant toujours quelque désordre à cette logique secrète qui règle les rapports des mots et des idées.

Le grec a trois formes principales pour la distinction des voix : d'un côté, les formes en ω et en μι, l'une plus moderne, l'autre plus ancienne, mais équivalentes, et ordinairement employées pour l'actif; de l'autre côté, la forme en μαι pour le passif et le moyen. Le latin a, d'un côté, la forme en *o* qui est ordinairement active; et, de l'autre, la forme en *or* qui sert au passif, et, sous le nom de *déponent,* au moyen et à l'actif. Le français a une forme simple, ordinairement active, quelquefois réfléchie quand on y joint un second pronom; et une forme composée qui sert au passif. Mais il s'en faut bien que ces diverses conjugaisons servent toujours à marquer les différences de voix auxquelles elles empruntent leur nom. Ἔρχομαι est un verbe actif à forme passive; *vapulo* est un verbe passif à forme active; l'aoriste passif en θην a le sens d'un neutre dans ἐδυνήθην, *j'ai pu* ou *je pus;* le futur moyen a souvent le sens passif chez les écrivains attiques, comme θρέψομαι pour τρεφθήσομαι; il a le sens actif dans βρώσομαι, de βιβρώσκω, *je mange.* Les parfaits appelés *moyens* en α, comme πέποιθα, *j'ai confiance, je suis persuadé;* τέθηπα, *j'admire, je suis frappé d'étonnement,* offrent le même désaccord entre leur sens et leur terminaison. En latin, *modulor* a la forme passive et le sens actif; beaucoup de ces verbes latins qu'on appelle déponents avaient autrefois la forme active; *arbitro* pour *arbitror.* En français, *je suis parti* et *je suis venu,* offrent un sens actif sous une forme passive; *je cède* ou *je succombe* offre un sens passif sous une forme active; *je suis résolu* est un verbe réfléchi avec une forme passive. Ces inconséquences de l'usage contribuent à donner au style oratoire et poétique plus d'aisance et de variété, mais assurément elles ôtent à la langue quelque chose de sa précision grammaticale.

Quelquefois d'ailleurs l'irrégularité est plus apparente que réelle, et l'usage, en faisant violence à la grammaire, ne se rapproche que mieux de l'idée qu'il s'agit d'exprimer. Par exemple, dans *meditor,* on peut dire que l'action exprimée est véritablement une action réfléchie, puisque le sujet se parle en quelque sorte à lui-même; προαιροῦμαι, *je préfère,* peut être interprété par *je m'attache à* ou *je me résous* (par préférence). La terminaison du moyen a même un sens bien expressif dans διδάσκομαι τὸν υἱόν, *je fais instruire mon fils*. De même, en français, il y a dans l'emploi des verbes auxiliaires une irrégularité qui n'est pas toujours sans raison. Quand un enfant dit : *je m'*AI *blessé*, cette locution est, à la rigueur, plus grammaticale que *je me* suis *blessé*, puisque *je suis blessé* ne peut avoir un complément direct. Mais si *je m'ai blessé* représente mieux *l'action* qui part du sujet *je* pour revenir sur le sujet *me*, l'autre locution exprime mieux l'*état* tout passif du sujet qui est blessé ; et voilà comment les deux règles, celle de la conjugaison active et celle de la conjugaison passive, se sont ici accordées pour donner à l'expression plus de force et de vivacité.

§ 7. Observations diverses sur la conjugaison.

I. La remarque que nous venons de faire nous conduit naturellement à une autre observation plus générale et plus importante, c'est que les formes si variées de la conjugaison ne sont pas toutes consacrées par l'usage. Beaucoup de mots qui pourraient être grecs, à ne consulter que les règles de la grammaire, sont inusités ; et cela vient ordinairement de ce qu'ils sont d'une longueur gênante pour la prononciation, ou d'une harmonie blessante pour l'oreille. Tel est, par exemple, le parfait du verbe θαλασσοκρα-τέω-ῶ, soit qu'on redouble la première syllabe du premier radical, τεθαλασσοκράτηκα, soit qu'on redouble la première syllabe du second, θαλάσσοκεκράτηκα ; et, à plus forte raison, l'optatif du même parfait τε-θαλασσοκρατήκοιμι ou θαλασσοκεκρατήκοιμι. D'autres formes sont négligées par l'usage sans qu'on en puisse donner d'aussi bonnes raisons. Par exemple, les futurs θρέξω, βρώσω, qui seraient tout aussi légitimes que θρέξομαι, βρώσομαι. Quelquefois le besoin a fait substituer à une forme grammaticale une autre forme plus douce à prononcer; par exemple : κεχα-ροίατο, dans Homère, pour κεχάροιντο, ἐπιτετράφαται pour ἐπιτέτραπνται, de ἐπιτέτραμμαι, ce qui, dans le grec des prosateurs, a été remplacé par la forme composée ἐπιτετραμμένοι εἰσί. C'est ainsi encore que se sont formées les troisièmes personnes du pluriel en εἶσι ou en ᾶσι, dans les verbes en μι : τίθεντι (dorien), τιθέατι, τιθέασι ou τιθεῖσι, ἵσταντι (dorien), ἱστάατι, ἱστάασι, ἱστᾶσι. Pour adoucir la prononciation, une voyelle prenait, dans tous ces mots, la place d'une consonne avec laquelle elle n'avait d'ailleurs aucune analogie [47].

De même, en latin, il ne paraît pas qu'on ait jamais employé : *mirareris*, *dedidicissetis*, ni tant d'autres formes, très-régulières d'ailleurs, mais trop dures à prononcer, et trop pénibles à entendre ; au contraire, si l'on dit au parfait de *fero*, *tuli* et non *tetuli ;* si l'on dit *bonus-melior* et non *bonior*, comme *justus-justior*, et tant d'autres, le caprice en paraît la seule cause.

De même, en français, on ne dirait pas : *troublassiez*, *embarrassassiez*, *mésusassiez*, et tant d'autres subjonctifs réguliers, mais d'une harmonie trop peu française. Au contraire, l'usage a seul décidé, sans raison apparente, que l'on ne dirait plus *douloir*, ni *condouloir*, quoique l'on dise encore *doléance* et *condoléance*; il a décidé que l'on dirait *valeureux*, de *valeur*, et *rigoureux*, de *rigueur*, *laborieux* de *labeur*. Cela vient souvent, en pareil cas, de ce que l'adjectif français n'est pas dérivé du substantif correspondant, mais de l'adjectif latin, comme *laborieux* vient directement de *laboriosus* et non de *labeur*. Le verbe *maudire* avait formé, en vieux français, le substantif *maudisson*, que nous avons remplacé aujourd'hui par un mot tout latin, *malédiction (male-dictio)*, etc. (*a*).

La multiplicité des formes grammaticales peut donc être considérée, dans chaque langue, comme une richesse naturelle où le peuple et les écrivains puisent ce qui convient à leurs besoins; et dans le choix qu'ils font, les écrivains, comme le peuple, suivent souvent le caprice autant que la raison.

II. La conjugaison grecque et la conjugaison latine ont, sur la française, un avantage incontestable par la variété des terminaisons qui marquent les divers états de l'âme, les personnes, les subdivisions du temps, etc. Par exemple, la conjugaison grecque a trois impératifs, à la voix active, comme à la voix moyenne : λύε-λύου, λῦσον-λῦσαι, λέλυκε-λέλυσο; elle a, de plus, un impératif aoriste passif, λύθητι. Le latin, déjà moins riche, a pourtant deux formes d'impératif : la plus usuelle, et aussi celle dont le sens est le plus vague, *ama, lege*, et une autre en *to*, comme *amato, legito*, qui a un sens plus défini et fort semblable à l'impératif λῦσον [48]. Le français n'a guère, pour répondre à ces variétés, qu'un seul impératif. Du reste, comme le grec, il emploie quelquefois l'infinitif pour marquer le commandement; cet usage, qu'on trouve déjà dans la langue d'Homère, existe encore aujourd'hui en français, dans le style militaire et même dans celui de l'administration civile. Certaines locutions adverbiales s'emploient aussi, en sous-entendant un verbe, avec le sens d'injonction : *debout! en avant!* etc.; le grec disait de même ἄνα pour ἀνάστηθι. On reparlera plus bas de ces locutions, dans le chapitre des adverbes.

III. En grec et en latin déjà, quelques formes de la

(*a*) Voyez de plus amples détails sur ces variétés d'étymologie, dans le chapitre XXI.

conjugaison se composent de plusieurs mots : λελυ-μένος εἴην, *vocatus sum, vocatus sim*, etc. Ces formes verbales, qu'il vaudrait mieux appeler *juxtaposées* que *composées*, sont beaucoup plus fréquentes dans la conjugaison française[49]. La voix passive tout entière n'a pas en français un seul temps simple; et à l'actif même, un des deux parfaits, le plus-que-parfait, le futur passé et le conditionnel passé se forment par la réunion de deux mots, sans compter le pronom, dont nous avons expliqué la présence en tête de presque toutes nos formes verbales. Il y a sur ce sujet deux observations à faire.

. La première, c'est que les anciennes conjugaisons expriment volontiers plusieurs idées par un seul mot : τύπτομαι, *je-suis-frappé*, λούομαι, *je-me-baigne*, etc.; au contraire, le français tend à exprimer la diversité des idées par autant de mots divers. Nous avons déjà remarqué cette propriété dans l'examen de plusieurs autres Parties du discours. Le grec et le latin réunissent, resserrent beaucoup de sens en un seul mot (συντιθεῖσι). De là vient qu'on les appelle souvent des langues *synthétiques* (συνθετικός, *qui tend à réunir*). Le même caractère se retrouve, au plus haut degré, dans la langue sanscrite, avec laquelle le grec et le latin ont tant de rapports, et, parmi les langues modernes, dans l'allemand, où l'on forme avec tant de facilité des composés et des dérivés de toute espèce. Au contraire, le français qui, comme les autres langues dérivées du latin, divise et sépare (ἀναλύει) les mots pour répondre mieux à la division des idées, est une langue *analytique* (ἀναλυτικός, *qui tend à diviser*); ce qui ne veut pas dire que la synthèse (σύνθεσις) domine seule en grec et en latin, et l'analyse (ἀνάλυσις) en français, mais seulement que le premier procédé est plus souvent appliqué dans les langues anciennes, et que le second l'est plus souvent dans la nôtre.

La seconde observation porte sur les verbes accessoires ou *auxiliaires* qui entrent dans la formation des temps composés, et dont l'usage présente un exemple frappant du procédé analytique. A vrai dire, le grec et le latin n'ont qu'un verbe auxiliaire; εἶναι, *esse*; mais le français en a au moins deux, *être* et *avoir*, l'allemand en a au moins trois : *sein* (être), *haben*, (avoir), *werden* (devenir). Ces verbes d'ailleurs ne sont pas toujours employés au même usage. *Être*, *avoir*, *devenir* sont souvent des verbes attributifs, avec un sens très-clair et très-complet, comme dans les phrases suivantes : *Dieu est;* — *Dieu a la toute-puissance;* — *Dieu ne devient pas, il est toujours le même dans son essence.* Quelle différence y a-t-il donc entre ces deux emplois d'un même verbe? La voici :

Dans *j'ai aimé, je suis aimé, ich werde geben* (*je donnerai*, mot à mot, *je deviens donner*), l'esprit perd de vue le sens primitif des trois verbes, *avoir*, *être*, *devenir*, il les subordonne au participe passé ou à l'infinitif pour en faire l'expression d'un seul et même jugement. *J'ai*, ici, ne veut pas dire *je possède; je suis*, ne veut pas dire *j'existe;* l'un et l'autre ont abandonné une partie de leur valeur. Même dans certains présents de l'indicatif, comme *j'ai faim, j'ai soif*, le verbe auxiliaire ne signifie absolument rien de plus que la terminaison des verbes grecs et latins πειν-ῶ, *esuri-o;* διψ-ῶ, *siti-o.* Dans la rapidité de l'usage, la division des mots disparaît, on peut le dire, pour l'intelligence, qui ne voit dans la locution française, comme dans les locutions grecque et latine, qu'une seule expression verbale. Les verbes qui sont ainsi privés d'une partie de leur sens propre et de leur rôle pour devenir des éléments d'une locution complexe, ont reçu avec raison le nom d'auxiliaires.

Mais il ne faut pas prodiguer ces dénominations ni les appliquer à des verbes qui s'allient souvent de très-près avec d'autres verbes, surtout avec des infinitifs, mais qui ne gardent pas moins pour cela leur sens naturel. Par exemple, dans le plus grand nombre des cas, les locutions comme : *je viens* ou *je venais de manger*, *je vais* ou *j'allais sortir*, renferment deux verbes distincts, *venir* et *manger*, *aller* et *sortir*. Dans chacune de ces phrases, il y a, non pas une proposition, mais deux propositions. Or, exprimer une proposition, et n'en exprimer qu'une, voilà le signe auquel on reconnaît une forme du verbe. *J'aurais donné*, et même *j'aurais eu donné*, sont des formes de la conjugaison française, parce que chacune d'elles renferme, en trois ou quatre mots, une seule idée verbale.

Cette règle pourrait s'appeler le principe de la conjugaison. On trouvera qu'il n'est pas toujours facile de l'appliquer, et que dans la pratique, certaines locutions offrent, selon qu'on insiste plus ou moins sur le sens des mots, deux propositions ou bien une seule. Rien n'est plus vrai, et cela tient à la facilité que nous avons de développer dans notre esprit ou de resserrer, en quelque sorte, les idées que nous exprimons ensuite par des mots. Quand je dis *il tonne*, ou *le tonnerre résonne à travers les nuages*, j'exprime une seule et même idée; mais, dans le premier cas, je l'exprime rapidement et brièvement, comme je l'avais conçue; dans le second cas, je l'analyse par l'expression, parce que je l'avais d'abord analysée dans mon esprit. De même on pourra dire : *Les provisions que j'ai préparées*, etc., il n'y aura là qu'une proposition, qu'un verbe; ce sera, en la tin, *copiæ quas paravi* ou *commeatus quos paravi*. — Mais : *Les provisions que j'ai là, toutes préparées*, offre deux propositions plus distinctes : *copiæ quas habeo jam paratas.* Toutefois cette alliance du verbe *habeo* avec un participe, alliance qu'on trouve déjà dans le latin classique, nous montre comment le verbe *habere* a pu insensiblement, en devenant notre verbe *avoir* (*avere*, *avoir*), perdre en même temps une partie de sa valeur, pour servir comme auxiliaire dans la conjugaison [50].

IV. Les verbes grecs et latins ne se distinguent pas seulement des verbes français par le grand nombre de leurs formes conjuguées. Ils ont encore, même à ne les considérer qu'au présent de l'indicatif ou dans leur thème (voy. plus haut, p. 24), une variété de terminaisons très-commode pour exprimer certaines idées que nous devons rendre en français par des périphrases. Par exemple : βαίνω (βάω, βῆμι, inusités) signifie *marcher;* la même racine redoublée et suivie d'un ζ, signifie *faire marcher :* βιβάζω. De même δέχομαι (ionien δέχομαι), *je reçois*, δεκάζω, *je fais recevoir* (de l'argent), *je corromps*, etc. Le radical composé εὐδαιμον, avec la terminaison έω-ῶ, signifie *être heureux*, εὐδαιμονῶ; avec la terminaison ίζω, il signifie *juger heureux*, *féliciter :* εὐδαιμονίζω. Les futurs en σω forment des verbes de désir en σείω : πολεμήσω-πολεμησείω. Même rapport, en latin, entre le participe futur en *urus*, et les verbes comme *esurio, scripturio.* Le latin a aussi des fréquentatifs, comme *cesso*, dérivé de *cedo*, au supin *cessum.* De même : *ago-agito, fugio-fugito, scribo-scriptito, lego-lectito*, etc.

Quelques terminaisons verbales ont, en français, une valeur non moins expressive. Ainsi on dit *verbaliser* pour *faire un procès-verbal*, *scandaliser* pour *causer du scandale à quelqu'un*, *dogmatiser* pour *parler d'une manière dogmatique*; mais ces formes sont presque toutes dérivées ou imitées du latin corrompu (*scandalizare*, par exemple, qui lui-même vient de σκανδαλίζειν, à peu près comme de σικελίζειν le latin formait *sicelissare*); elles sont d'ailleurs assez rares dans notre langue.

En latin comme en grec, on trouve des verbes dont le radical terminé par une voyelle, peut se contracter avec la terminaison, et produire des lettres longues : *mone-o*, *monĕ-ĕre* — *monēre*, comme φιλέ-ω, φιλέ-ειν — φιλεῖν, *ama-o*, *amă-ĕre* — *ămāre*, etc. Tous les verbes latins dont la pénultième est longue à l'infinitif sont dans cette classe [51]. Les verbes français représentent souvent des formes latines plus ou moins contractées. Par exemple, *prisse* de *prehendissem*, *prendissem* (l'ancienne orthographe française écrivait *prinsse*), *vinsse* de *venissem*, etc.; mais ces contractions sont des faits isolés, et ne forment nulle part une règle de conjugaison.

L'usage du redoublement et de l'augment soit syllabique, soit temporel, est encore un caractère particulier à la conjugaison ancienne : λύω, — λέλυκα, — ἐλελύκειν, — λέλυμαι, et ὁρμῶ, — ὥρμημαι; *pango*, — *pĕpĭgi*, et *fŏdio*, — *fōdi* (pour *fĕfŏdi* ou *fŏfŏdi*), montrent dans la constitution des formes verbales des procédés d'une délicatesse extrême, et aujourd'hui inconnue aux langues dérivées du latin. On retrouve cependant çà et là dans la conjugaison française quelques traces d'une loi d'harmonie que l'instinct populaire s'est efforcé d'observer. Par exemple, si on compare deux à deux les formes suivantes :

que je vienne, — que nous venions,
que tu viennes, — que vous veniez,
qu'il vienne, — qu'ils viennent,

et quelques autres séries du même genre, on remarquera que là où la dernière syllabe est plus forte, la première s'affaiblit d'autant : VIEN*ne* — VE*nions*; au contraire, là où la seconde s'affaiblit, la première reprend son avantage : VIE*nnent*. C'est une sorte de compensation analogue à celle que nous avons signalée plus haut (p. 17) dans plusieurs règles relatives à la formation des mots grecs.

CHAPITRE XII.

DE LA CONJONCTION ET DE SES RAPPORTS AVEC LA CONJUGAISON DES VERBES.

Le rapport que la préposition établit entre deux noms, ou bien entre un verbe ou un adjectif et son complément, la Conjonction (σύνδεσμος, *conjunctio*) l'établit ordinairement entre deux propositions : ἐπο-λέμει καὶ ἐνίκα, — *bellum gerebat et vincebat*, — *il faisait la guerre et il remportait des victoires.*

La conjonction ne se confond pas plus pour cela que la préposition avec le verbe. Le verbe unit les mots d'une façon qui lui est toute particulière, il en fait des propositions. La conjonction ne fait que rapprocher ou subordonner l'une à l'autre des propositions déjà existantes : elle rapproche, comme dans l'exemple ci-dessus; elle subordonne, comme dans : ἐπολέμει ἵνα νικῴη, *bellum gerebat ut vinceret* [52].

C'est par exception seulement que certaines conjonctions comme καί, *et*, *quum-tum*, réunissent deux noms qui forment ainsi le sujet d'un seul et même verbe, comme dans : « *Antonin* ET *Marc-Aurèle furent les deux plus grands princes de leur siècle.* » En général, ces sujets, doubles en apparence, ne sont qu'un moyen de résumer en une seule deux propositions distinctes : « *Tibérius* ET *Caïus Gracchus furent tous deux tribuns,* » équivaut à ces deux propositions : *Tibérius Gracchus fut tribun* ET *Caïus Gracchus fut tribun.*

De même que la préposition équivaut, pour le sens, à la flexion casuelle, de même la conjonction équivaut souvent à la flexion du mode. Ainsi dans : *J'apprends que vous êtes sorti*, la conjonction *que* marque l'idée qu'exprimera la terminaison infinitive dans : *audio te exiisse*, ou dans ἀκούω σε ἐξεληλυθέναι. On sait quelle est, en grec, la force de la particule ἄν. Réciproquement la terminaison du verbe dispense quelquefois d'employer toute conjonction pour subordonner une proposition à une autre. Ainsi, *jubeo exeatis* est aussi clair, en latin, que *j'ordonne que vous sortiez*, en français. Mais les modes ne seraient pas assez nombreux pour exprimer, à eux seuls, les rapports qu'exprime la diversité des conjonctions : le but, par ἵνα, *ut*, *afin que*; la défense, par μή, *ne*, *que ne*, etc. De là vient que les conjonctions se joignant d'ordinaire à un mode, comme l'optatif ou le subjonctif, alors on dit qu'elles *gouvernent* tel ou tel mode, ou qu'elles *régissent* le verbe à tel ou tel mode.

Comme il y a des locutions prépositives, *au travers de* ou *à travers* pour διά, *per*, il y a aussi des locutions conjonctives : ὥστε—ὥς τε, et ὥστε μή ou ἵνα μή, *ita ut, ita ne, afin que* pour *à cette fin que*. A cet égard nulle différence entre les trois langues.

Mais les Grecs avaient un assez grand nombre de particules, auxquelles ils ne pouvaient assigner un sens bien précis, et qu'ils appelaient pour cela παραπληρώματα (remplissage), ou παραπληρωματικοὶ σύνδεσμοι, *conjonctions explétives.* Il suffit de parcourir une page d'Homère pour rencontrer beaucoup de ces particules comme δή, ἄρα, αὖ, μέν, δέ, etc. Ces deux dernières, fort usitées, même dans la prose grecque, y sont presque toujours difficiles à traduire par des mots ou latins ou français qui n'en exagèrent pas le sens. Presque toujours μέν et δέ, dans une phrase grecque, n'ont qu'une valeur distributive, si l'on peut dire ainsi; elles servent à articuler, à diviser la phrase : ce sont presque des signes de ponctuation. L'abondance de ces particules en grec, et, en général, l'abondance des conjonctions en grec et en latin, nous a déjà servi plus haut (p. 22) pour expliquer comment, chez les anciens, la ponctuation avait été si longtemps négligée. Les particules suppléaient facilement au défaut de points et de virgules pour marquer les repos de la voix et la division des idées. En français, au contraire, où la période se compose de membres moins fortement liés l'un à l'autre, la ponctuation est un complément plus nécessaire de l'art d'écrire.

CHAPITRE XIII.

DE L'ADVERBE ET DE L'INTERJECTION. RAPPORTS DE L'ADVERBE AVEC L'ADJECTIF, D'UNE PART, ET, DE L'AUTRE, AVEC LA PRÉPOSITION.

§ 1. De l'Adverbe.

Comme nous l'avons vu déjà plusieurs fois, les Parties du discours ont, en général, reçu leur nom de la fonction qu'elles y remplissent habituellement; mais ce nom ne donne pas toujours une idée complète de leur véritable nature. Ainsi l'Adverbe (ἐπίρῥῆμα, *adverbium*) se joint ordinairement au verbe pour en modifier la signification : *Un tel a agi sagement,* σοφῶς, *sapienter.* Mais en observant de plus près ces locutions, on remarque que l'adverbe porte moins sur le verbe proprement dit, c'est-à-dire sur le mot qui exprime l'affirmation, que sur l'attribut, qui est ici *agissant : Un tel a été-agissant, sage ment.* Alors on s'explique très-bien comment l'adverbe peut modifier non-seulement un adjectif isolé, comme dans : *Des reproches justement sévères, un livre justement célèbre;* mais encore un nom commun, puisque dans le nom commun domine l'idée d'une ou de plusieurs qualités ; ainsi : *Populus late rex,* comme *late regnans* ou *qui regnat late,* ou, en français : *C'est être vraiment roi, vraiment citoyen.* On peut même joindre l'adverbe à un nom propre quand celui-ci est employé comme signe ou comme souvenir d'une qualité particulière à la personne qu'il désigne.

L'adverbe est donc, à proprement dire, un attribut d'attribut; il se rattache à la classe des adjectifs, mais il diffère de ces derniers : 1° parce qu'il est indéclinable; 2° parce qu'il ne modifie pas directement la nature même du sujet ou substantif, mais seulement une de ses qualités [53].

Au reste, comme l'adjectif, l'adverbe de temps et l'adverbe de lieu expriment de véritables circonstances, qui ne sont que la qualité accessoire ou accidentelle de l'action. Exemples : πρῶτον, δεύτερον — *primo, secundo* — *d'abord, ensuite, antérieurement, postérieurement,* etc.

Si maintenant on essaye d'analyser l'adverbe en lui-même, on s'aperçoit qu'il équivaut presque toujours à une préposition suivie de son complément : σοφῶς—μετὰ σοφίας, *sapienter—cum sapientia, sagement*

—*avec sagesse*; et alors le complément n'est autre chose que le nom abstrait de la qualité que l'adverbe exprime; ainsi : ἑκουσίως—*avec bonne volonté*, ἀνδρείως — *avec courage*, μεγαλοπρεπῶς, — *magnifice* — *avec magnificence*.

[Or, comme la préposition et la flexion casuelle ont même valeur (voy. plus haut, p. 58, 59), on ne sera pas étonné de reconnaître, dans les syllabes finales de beaucoup d'adverbes, de véritables désinences qui appartiennent ou qui ont pu appartenir à la déclinaison des substantifs. Par exemple, οἴ-κοι et *domi* (à la maison) ont des terminaisons évidemment analogues à un datif ou à un ablatif; ce sont, à proprement parler, des *locatifs*, c'est-à-dire des noms employés au cas qui marque le lieu, cas qui se retrouve dans la déclinaison sanscrite avec le même caractère. Πόθοι et ᾿Ολυμπάσι en grec sont du même genre. Θεόθεν, οὐρανόθεν (venant de Dieu, venant du ciel) sont d'anciens génitifs, comme on peut s'en convaincre en les comparant avec ἐμέθεν, σέθεν, génitifs poétiques du pronom de la première et de la seconde personne. Les terminaisons latines dans *divini-tus, cœli-tus*, sont tout à fait analogues[34]. Enfin, on sait que beaucoup d'adjectifs à terminaison neutre deviennent dans l'usage de véritables adverbes : ταχύ, τάχιστα (vite, très-vite), κάκιστα (très-mal), *multum* (beaucoup), etc.

La langue française n'a guère fait qu'emprunter au latin une partie de ses adverbes simples : *bien* de *bene*, *mal* de *male, tard* de *tarde*, etc. Toutefois, elle emploie, pour beaucoup d'adverbes, une terminaison qui lui est particulière, quoique primitivement formée d'un mot latin : c'est la terminaison *ment : honnêtement, fortement, simplement*, etc. Les adjectifs qui expriment une qualité morale se construisent très-naturellement avec le mot *mens, mentis ;* c'est ainsi que *honesta-mente, forti-mente, simplici-mente*,etc.,locutions vraiment analytiques, se sont, dans la rapidité de l'usage, changées en un mot composé *honestamente*, etc., ce qui est la forme même de ces sortes d'adverbes en italien. En français, la suppression de l'*e* final rend l'étymologie moins sensible; mais l'origine de la flexion *ment* n'est pas pour cela méconnaissable. Au reste, cette finale une fois consacrée pour un certain nombre d'adverbes, s'est étendue à beaucoup d'autres qui ne peuvent se résoudre, comme les précédents, en un adjectif suivi du substantif latin *mente*. Ainsi, par une extension naturelle de l'analogie, *démesuré* forme *démesurément*, *articulé* forme *articulément* (mot qui est de Bossuet), etc.]

Si *sapienter* et σοφῶς sont des adverbes, *cum sapientia* et μετὰ σοφίας sont des *locutions adverbiales*. De même, ἀπὸ ταὐτομάτου pour αὐτομάτως, *de soi-même*, —*ex improviso, à l'improviste,—derepente, tout à coup.* Il se forme aussi de ces locutions par la réunion de plusieurs adverbes ou d'une préposition et d'un adverbe. Exemples : μετέπειτα, εἰς τὸ μετέπειτα, *desuper, insuper, en outre, dorénavant* (pour *d'ores-en-avant, d'ici en avant,* etc.).

§ 2. De l'Interjection.

L'Interjection, que les Grecs n'ont pas distinguée de l'adverbe, est en effet une partie du discours assez difficile à définir [55]. En général, c'est un mot qui exprime avec rapidité un sentiment ou une idée, et qui ne se rattache aux autres mots par aucun lien grammatical. De là son nom d'*interjectio*, « mot que l'on *jette au milieu* du discours. » Οἴμοι, *hélas!* εἶεν, *soit,* etc. Toutefois, en observant de plus près ces sortes de mots, on y remarque des différences qui permettent de les ranger en deux classes.

Φεῦ, *heu, hélas,* sont des mots à peine articulés, très-voisins des cris naturels que nous arrache la joie et la douleur. Il est impossible d'en faire l'analyse grammaticale et d'en montrer l'étymologie. Le langage naturel et celui des enfants ne sont pas du domaine de la grammaire proprement dite.

Au contraire, ἄγε, *age, allons;* — ἐπιεικῶς, *benigne,*

bien! très-bien ! employés comme interjections, sont pourtant reconnaissables pour appartenir à d'autres classes de mots. Ἄγε (marche ou pousse en avant), est l'impératif du verbe ἄγω, comme εἶεν est la troisième personne du pluriel de l'optatif d'εἰμί (soit, que cela soit, je le veux bien). Ἐπιεικῶς est l'adverbe de ἐπιεικής (convenable); *benigne* est l'adverbe de *benignus* (bienveillant, généreux). On m'offre à manger et à boire, quand je n'ai plus faim ni soif, je réponds, en grec : ἐπιεικῶς (sous-entendu λέγεις), et en latin : *benigne* (sous-entendu *loqueris*); en français, je dirais : *Vous êtes bien bon,* ou *vous êtes trop bon,* ou *assez!* ou *merci,* etc. Ce sont donc moins là de véritables interjections que des locutions elliptiques, c'est-à-dire où l'on a supprimé, pour parler plus vite, des mots que sous-entend sans peine l'esprit de l'auditeur. Ces abréviations sont très-fréquentes, surtout dans le dialogue familier. Quand on pense vite et que l'on sent vivement, on s'exprime de même. Au lieu de s'analyser et de se développer, la phrase se resserre et se réduit quelquefois à un monosyllabe. Un auteur ancien raconte que le poëte Philoxène, sollicité par Denys de venir à la cour de Syracuse, lui répondit par une seule lettre de l'alphabet, O, qui s'employait pour ου dans l'orthographe de ce temps; οὔ, c'était la simple négation *non,* qui signifiait, dans la lettre de Philoxène : « *Non*, je ne veux pas me rendre à la cour de Syracuse. »

Quelquefois la force exclamative de l'interjection se rend par une flexion casuelle. Ainsi, le nom propre employé pour appeler celui qu'il désigne, Σωκράτης par exemple, prend la terminaison du vocatif Σώκρατες, à laquelle on ajoute d'ordinaire la particule ὦ. O, en français, a le même sens devant les substantifs; il leur donne la valeur d'un vocatif. Quelquefois c'est un simple signe d'orthographe qui exprime l'exclamation, comme dans *le bel arbre!* ou *quel bel arbre!* le point (!) indique la valeur admirative des trois mots dont la locution se compose.

Ce sont là de bien petits faits de grammaire, mais ils méritent d'être observés; car ils nous montrent une fois de plus avec quelle liberté l'homme se sert des mots pour exprimer sa pensée, et avec quelle flexibilité les mots se prêtent à tant de besoins divers et à tant de caprices.

CHAPITRE XIV.

DES DEGRÉS DE COMPARAISON, EN GÉNÉRAL, ET DANS LES DIVERSES PARTIES DU DISCOURS QUI EN SONT SUSCEPTIBLES.

On a remarqué déjà que plusieurs Parties du discours expriment des qualités, qui sont naturellement susceptibles de degrés divers. Tels sont l'adjectif, le nom commun, l'adverbe et même le verbe attributif.

Quand on compare deux termes, par rapport à une même qualité, cette qualité se présente, ou au même degré, ou à des degrés divers, dans l'un et dans l'autre terme. Ainsi, en comparant Alexandre et César, par rapport au génie militaire, on dira : *Alexandre fut* PLUS *habile,* ou MOINS *habile,* ou AUSSI *habile général que César.* Ces degrés divers de la même qualité sont ce que nous appelons degrés de comparaison (συγκρίσεις, *collationes*). Il n'y en a qu'un certain nombre auxquels la grammaire ait donné des noms particuliers.

En partant de la simple forme du mot attributif, qu'on appelle le *positif*, le premier degré de comparaison est celui d'une simple supériorité, il se nomme *comparatif* (συγκριτικὸν ὄνομα, *comparativum*, ou *comparativus gradus*). Le deuxième marque une supériorité sans réserve, il se nomme *superlatif* (ὑπερθετικὸν ὄνομα, *superlativum*, ou *superlativus gradus*): superlatif relatif quand les deux termes de la comparaison sont exprimés, comme dans : *Socrate le plus sage des hommes*; superlatif absolu, quand le premier terme seulement est exprimé, comme dans : *Socrate fut très-sage.*

Mais, ce ne sont pas là les seuls cas qui se présentent dans la comparaison de deux termes, par rapport à une même qualité. Il peut y avoir défaut ou excès, ou égalité, etc.: « trop peu *discret*, trop *discret*; aussi *discret*, moins *discret*, un peu moins *discret*. » Même dans les degrés de comparaison, auxquels on a donné des noms particuliers, il y a des nuances diverses à signaler. On peut imaginer (et l'on en rencontre dans l'usage) des superlatifs de valeur plus ou moins grande. Ainsi : *multo immanissimus, de beaucoup le plus féroce,* exprime une supériorité plus grande que le seul mot *immanissimus,* ou son équivalent français *le plus féroce.* De même en grec πολὺ φέρτερος, et en français *bien préférable.*

Les exemples suivants donneront une idée de la variété des moyens qu'emploient les trois langues classiques pour exprimer les degrés de comparaison.

Tantôt le comparatif et le superlatif sont dérivés du positif : σοφός, σοφ-ώτερος-ώτατος, *sapiens, sapient-ior-issimus.* Tantôt ils se dérivent d'un autre radical qui a le même sens : ἀγαθός, φέρτερος et φέριστος (en poésie) ou βελτίων-βέλτιστος (en prose), *bonus, melior, optimus.*

Tantôt le comparatif s'exprime par un positif précédé de quelque adverbe marquant le degré ou la quantité, comme μᾶλλον et *magis* pour le comparatif, μάλιστα et *maxime*, pour le superlatif : μᾶλλον ou μάλιστα ἐπίδηλος, *magis* ou *maxime conspicuus*. On a employé aussi, pour les superlatifs, la particule τρίς comme dans τρισάθλιος, *trois fois malheureux*, Τρισμέγιστος, un des surnoms de Mercure chez les Grecs d'Égypte[56], *trifur* et *ter veneficus*, dans le poëte latin Plaute. Quelques grammairiens reconnaissent dans cette particule, τρίς ou *tri*, l'origine de la particule qui forme les superlatifs français[57]; mais les exemples que nous venons d'en citer, dans des mots grecs et latins, sont, ou des exceptions assez rares, ou des licences du style comique. Le *très* français, qui dans notre ancienne orthographe, ne se séparait pas du radical de l'adjectif, vient plutôt de la particule *trans* abrégée en *tra* dans quelques mots latins, comme *traducere*, *tradere*, *tranare*, pour *transducere; transdere*, *transnare*; et dans les mots français : *trapercer* (en vieux français, *trespercer*) pour *transpercer*. Cette particule, signifiant *par-dessus*, se prête naturellement à exprimer l'idée du superlatif. On en reconnaît la force dans *trépasser*, *tressaillir*, et dans les vieux mots français *trestous*, *tressuer*.

Outre les comparatifs et superlatifs formés avec les particules *plus* et *très*, le français possède quelques comparatifs en un seul mot, qui sont tirés du latin, comme *supérieur* de *superior*, *meilleur* de *melior;* les superlatifs *intime* de *intimus*, *suprême* de *supremus*. *Seigneur*, qui vient de *senior*, et *prêtre*, qui vient, par contraction, du mot grec πρεσβύτερος devenu le latin *presbyter*, ont pris dans notre langue un sens différent de leur sens primitif. Le vieux français employait encore *altisme* de *altissimus*, *saintisme* de *sanctissimus*, *pesme* de *pessimus*, et aussi *greignor* de *grandior*, pour *plus grand*. Ces diverses formes sont tombées d'usage, et le français n'en sait plus tirer de semblables de son propre fond. Il faut remarquer, toutefois, que la particule *très*, n'ayant d'autre [objet] que celui de former ainsi des superlatifs, est un véritable préfixe qui fait corps avec le mot suivant. Dans l'usage, nos superlatifs absolus sont donc des mots composés plutôt que des mots juxta-posés. L'orthographe seule leur donne une autre apparence.

Quant à nos superlatifs relatifs, exprimés par *le plus*, ils offrent un procédé qui semble particulier aux langues modernes ; car ὁ καλίτερός, *le plus beau*, en grec moderne, est aussi un superlatif, composé d'un comparatif et d'un article. Mais le grec ancien lui-même n'ignore pas tout à fait ce procédé ; un grammairien célèbre, du siècle des Antonins, Apollonius Dyscole, emploie fréquemment des locutions comme celle-ci : τὸ μεῖζον pour τὸ μέγιστον, *ce qu'il y a de plus impor-tant* ; αἱ πλείονες ἐκδόσεις pour αἱ πλεῖσται, *le plus grand nombre des éditions*[68]. C'est exactement le procédé usuel en grec moderne et en français.

Il y a, du reste, un cas où le comparatif est natu-rellement synonyme du superlatif, c'est le cas où l'on compare deux objets seulement l'un à l'autre, comme dans : *validior manuum*, où nous mettons naturellement en français un superlatif à la place du comparatif latin : *la plus forte des deux mains*.

Les degrés de comparaison dans l'adverbe offrent précisément les mêmes caractères que dans l'adjectif ; il n'est donc pas nécessaire d'en faire ici un examen particulier. On pourra toutefois s'exercer à l'analyse de quelques exemples, comme : καλῶς ou καλά, κάλ-λιον, κάλλιστα ; — *bene*, *melius*, *optime* ; — πολύ, πλεῖον, πλεῖστα, etc., où l'on remarque que les comparatifs et superlatifs d'adverbes ont des terminaisons beaucoup moins variées que les positifs ; presque toujours, en effet, c'est simplement une terminaison neutre, du singulier ou du pluriel, qui fait l'office de flexion adverbiale pour ces deux degrés de comparaison.

On remarquera encore que le grec et le latin forment facilement des adjectifs au comparatif ou au superlatif avec le radical d'un adverbe ou d'une préposition employée dans le sens adverbial. Exemples : πρό, πρῶτος, πρότερος, — *præ, prior, primus*, — ὑπέρ, ὑπέρτερος, ὑπέρτατος ; — *super, superior, supremus*, — *per, pejor* (pour *pĕrĭor*), *pessimus*, etc.

Les noms communs, avons-nous dit, forment facilement des comparatifs et des superlatifs, comme : κλέπτης, κλεπτίστερος, κλεπτίστατος ; les noms abstraits, à plus forte raison, comme : κέρδος, κερδίων, κέρδιστος. Ce qui se redouble, en pareil cas, c'est le degré de la qualité que ces noms expriment. Le français a un autre moyen d'exprimer ces degrés d'une qualité contenue dans un nom commun ; par exemple, nous disons *un grand voleur, un vrai scélérat*, etc.

[Mais les pronoms qui n'expriment que des qualités accidentelles du sujet, et comme nous l'avons vu, des circonstances relatives à l'acte de la parole, sont, par conséquent, peu susceptibles de degrés de comparaison. C'est par licence comique qu'un poëte grec a dit αὐτότερος, mot à mot, *plus lui-même*, et un poëte latin, *ipsissimus*. Αὔταυτος, mot formé aussi par licence poétique, en redoublant le radical du pronom, a le même sens que *ipsissimus* ou *ipse* deux fois répété[89]. Nous dirions en français : *lui-même, lui-même*, ou : *c'est bien, c'est vraiment lui-même*, ou enfin *lui-même, oui lui-même*.]

Les diminutifs se rattachent évidemment aux degrés de comparaison, puisqu'ils expriment un degré inférieur de la qualité exprimée par le nom commun ou l'adjectif. Comme les comparatifs et superlatifs, ils sont ordinairement exprimés par un seul mot en grec et en latin, et par une locution complexe en français. Exemples : ὄβελος, *aiguille*, ὀβελίσκος, *petite aiguille;* — *homo*, homme, *homuncio* ou *homunculus*, *petit homme.*

Par une coïncidence remarquable, le grec moderne forme aussi, avec le mot πῶλος ou ποῦλος, ποῦλο (*pullus*, petit d'un animal), des diminutifs tout à fait équivalents aux locutions françaises. Ainsi βουνός, *colline*, βουνόπουλο *petite colline;* ψαρόπουλο, *petit poisson*, et au féminin : γραφοποῦλα, *petite lettre*, σφαλαγγοποῦλα, *petite araignée*, etc.

Le grec compose aussi avec ὑπό, et le latin avec *sub*, des diminutifs d'adjectifs et de verbes attributifs : ὑπόλευκος, *un peu blanc;* — *subrusticus*, *un peu rustique* ou *un peu grossier;* — ὑπογελᾶν, ὑπομειδιᾶν, *subridere, sourire.*

Mais le latin a des diminutifs d'une forme toute particulière, qu'il dérive d'un comparatif neutre en y ajoutant la finale des diminutifs de noms communs : *minusculus*, *majusculus*. Il peut d'ailleurs, ainsi que le grec, se servir de locutions complexes, comme dans : μικρῷ ἐλάττων, *paulo minor*, etc.

CHAPITRE XV.

DE LA SYNTAXE ET DE LA CONSTRUCTION ORATOIRE.
DÉFINITIONS.

Le mot *syntaxe* (σύνταξις, *ordinatio verborum* ou *constructio*, arrangement régulier des mots) n'a pas encore été employé dans nos précédents chapitres, mais nous sommes déjà familiers avec l'idée qu'il exprime. Il nous faut seulement ici analyser cette idée avec précision et montrer l'importance des faits de grammaire que désigne le mot *syntaxe* [60].

Nos idées forment, dans notre esprit, comme des groupes où tantôt elles semblent à côté l'une de l'autre, tantôt subordonnées l'une à l'autre. Par exemple, quand je me représente une allée d'arbres de même espèce, de même âge et de même grandeur, les idées de ces arbres sont, en quelque sorte, juxtaposées l'une à l'autre dans mon esprit, et si je les voulais exprimer une à une par des mots, je prononcerais une série de noms, comme, par exemple, *premier arbre*, *deuxième arbre*, *troisième arbre*, etc.; tout au plus mettrais-je entre les termes de cette série le signe *et*, comme on le trouve dans les généalogies de la Bible pour marquer la succession des patriarches. Mais si, au lieu de cette série d'idées semblables, je conçois un raisonnement d'arithmétique, comme la règle d'une opération à faire sur les nombres, même de la plus simple opération, l'addition, les idées dont cette règle se compose ne me semblent plus juxtaposées l'une à l'autre. Ici la seconde *dépend* de la première, et aux deux premières se rattache une *conséquence* qui est la troisième idée, et ainsi de suite. Les mots qui expriment ces idées se tiendront aussi par des liens plus étroits que dans le premier exemple cité.

Ces rapports divers qui existent entre nos idées, il faut que le langage les exprime pour faire son office, qui est de signifier clairement par des mots les conceptions de l'esprit.

Or, jusqu'ici nous avons vu quelle idée exprime ordinairement chaque espèce de mots, quelle forme les mots prennent selon le rôle qu'ils jouent; nous avons dit s'ils se déclinent ou se conjuguent, etc.

5

Mais nous n'avons pas exposé comment ils s'arrangent régulièrement pour former des phrases : c'est là le véritable objet de la *syntaxe*.

Pour mettre en rapport le comparatif avec son complément, la langue grecque emploie ce dernier mot au génitif : Σοφώτερος ἦν ὁ Σωκράτης τῶν δικαστῶν ; le latin le met à l'ablatif : *Sapientior erat Socrates judicibus suis ;* le français, qui n'a point de cas, exprime le même rapport par une conjonction : *Socrate était plus sage que ses juges.* La règle qui demande le génitif en grec, l'ablatif en latin, et dans notre langue l'emploi du mot *que*, est une règle de syntaxe.

Pour mettre en rapport un verbe avec son complément, le grec et le latin emploient, à l'accusatif, le mot qui sert de complément : Ὁ Ἀλέξανδρος ἐνίκησε τὸν Δαρεῖον, *Alexander vicit Darium.* Faute de flexions casuelles, le français a pour règle de mettre le complément *après* le verbe : *Alexandre vainquit Darius.* Ici c'est l'ordre seul des mots qui nous avertit que celui qui parle ou écrit concevait, dans sa pensée, Alexandre comme le vainqueur et Darius comme le vaincu.

Les exemples ci-dessus se ressemblent par un caractère commun. Ils nous montrent des mots subordonnés à d'autres mots, parce que certaines idées sont subordonnées à d'autres, et en dépendent. La syntaxe qui règle comment les mots seront employés en pareil cas, s'appelle donc à juste titre *Syntaxe de dépendance.*

Mais voici d'autres exemples qui ont un caractère différent.

Nisus et Euryalus primi, dit Virgile : *Nisus et Euryale* (paraissent) *les premiers.* Pourquoi *primi* est-il au nominatif pluriel masculin ? c'est qu'il se rapporte à deux noms propres du même genre. *Sum pius Æneas* — *je suis le pieux Énée*. *Sum* est à la première personne et au singulier pour s'accorder avec *Énée* qui est à la première personne et au singulier ; *pius* est au masculin singulier, pour se rapporter à *Æneas* qui est du même genre et du même nombre. Ici le rapport des idées est un *accord*, et, pour l'exprimer, les mots *s'accordent* par leurs terminaisons. Les règles qui déterminent, en pareil cas, quelle forme ou quelle place prendront les mots, constituent ce qu'on appelle la *Syntaxe d'accord*.

La syntaxe d'accord et la syntaxe de dépendance ont donc toutes deux pour objet la justesse et la clarté du langage.

De même que quand on fait une faute contre les règles de la formation, de la composition ou de la déclinaison des mots, cette faute s'appelle un *barbarisme;* de même quand on applique mal ou qu'on n'applique pas une règle de syntaxe, on fait un *solécisme*. Le style *correct* (ἑλληνισμός — ἑλληνίζειν, *latinitas* — *latine scribere*) est celui qui se garde exactement du barbarism et du solécisme.

Mais il ne nous suffit pas de parler correctement; il faut parler, si nous pouvons, avec agrément. Ce n'est pas tout d'éviter les barbarismes et les solécismes, il faut que notre style procure quelque plaisir à ceux qui nous lisent ou nous écoutent.

Le savant romain Varron commence ainsi le cinquième livre de son traité *de Lingua Latina*, dédié à Cicéron : « *Quem ad modum vocabula essent imposita* « *rebus in lingua Latina, sex libris exponere institui.* » Il pouvait, sans faire un solécisme, écrire : « *Quem ad* « *modum rebus essent vocabula in lingua Latina impo-* « *sita, institui quærere sex libris* » ou bien : « *Institui* « *quærere sex libris quem ad modum in lingua Latina*

« *vocabula essent imposita rebus.* » Toute personne qui sait le latin comprendrait aussi facilement la seconde et la troisième rédaction de cette phrase que la première. Dans les trois rédactions les mots gardent leurs formes respectives, ont entre eux les mêmes rapports, et les expriment de la même manière ; dans toutes les trois, la syntaxe est également observée ; mais il y a pour l'oreille et pour le goût une grande différence entre la phrase telle que Varron l'a écrite, et la phrase telle que la présentent les deux autres rédactions : l'une suit une marche plus facile, et, sans prétendre à des effets oratoires, elle est cependant assez harmonieuse ; les deux autres sont aussi claires, mais se déroulent avec moins d'aisance. En d'autres termes, la phrase de Varron est mieux *construite* que celles que nous lui avons substituées.

Que serait-ce, si je prenais pour exemple une période de Cicéron, par exemple le début d'une *Catilinaire?* On sentirait plus vivement encore quel avantage donne à la phrase une *construction* (σύνθεσις, *compositio*) bien entendue, et combien les mots perdent de leur effet quand ils sont mal rangés dans une phrase d'ailleurs correcte et régulière.

Il y a aussi dans notre langue certains changements de l'ordre des mots qui peuvent en modifier l'effet oratoire. Voici, par exemple, quelques lignes de Fléchier dans l'oraison funèbre de Turenne : « Oh ! « si l'esprit divin avait enrichi mon discours de ces « images vives et naturelles qui représentent la vertu « et qui la persuadent tout ensemble, de combien de « nobles idées remplirais-je vos esprits, et quelle im- « pression ferait sur vos cœurs le récit de tant d'actions « édifiantes et glorieuses ! » Si, dans cette période, on déplace les deux mots *mon discours* pour les reporter après *tout ensemble*, on a encore une phrase française, mais d'un tour pénible et embarrassé. Si l'ordre des mots *de nobles idées* est interverti, et qu'on lise *des idées nobles*, la pensée même est altérée ; enfin si l'on transporte après *glorieuses* les mots *ferait sur vos cœurs*, on détruit toute l'harmonie de cette belle phrase.

Mais c'est surtout quand la passion s'exprime, soit en vers soit en prose, qu'elle déplace les mots pour mettre mieux en relief l'idée qui frappe le plus l'esprit ou l'imagination. Alors on peut dire que la construction l'emporte sur la syntaxe et lui fait presque violence. Dans la phrase de Virgile :

Me, me, adsum, qui feci, in me convertite ferrum,
O Rutuli.

Ce n'est pas le besoin du vers qui a produit cet étrange arrangement de mots. Placer à côté de *adsum* un accusatif *me* qui sera régi par la particule *in*, laquelle n'arrive que plus loin, ce serait, même en latin, une sorte de solécisme, si l'auteur n'avait voulu avant tout, peindre le dévouement du jeune Nisus qui s'offre et se désigne aux coups des Rutules pour sauver son ami Euryale. *Me*, *me*, est bien ici le cri naturel de la passion.

Dans le célèbre portrait de Cromwel par Bossuet : « *Un homme s'est rencontré, d'une profondeur d'esprit incroyable*, etc., » on ne pourrait pas indifféremment écrire : « *Il s'est rencontré un homme* etc. » parce qu'il importe de mettre en lumière et à la première place l'idée d'une personne, l'idée de l'homme que l'on va décrire.

Aussi la Construction a-t-elle préoccupé les écrivains anciens comme les modernes. Chez les Grecs, Denys d'Halicarnasse a écrit un traité περὶ συνθέσεως ὀνομάτων, *sur l'Arrangement des mots* ; Cicéron et Quintilien, dans leurs ouvrages sur l'art oratoire, parlent longuement de la *compositio verborum* et, en particulier, du *numerus* ou *nombre*, c'est-à-dire de l'harmonie qui résulte de l'arrangement des mots dans le discours. En français, nous avons un traité de Batteux sur *la Construction oratoire* [61].

CHAPITRE XVI.

LES TROIS LANGUES CLASSIQUES SONT-ELLES ÉGALEMENT RICHES EN FORMES OU FLEXIONS GRAMMATICALES ? EN QUOI LEUR DIFFÉRENCE A CET ÉGARD PEUT-ELLE AVOIR MODIFIÉ LES RÈGLES DE SYNTAXE ET DE CONSTRUCTION QUI LEUR SONT PARTICULIÈRES ?

Beaucoup d'observations et de faits contenus dans les précédents chapitres nous aident à résoudre la question posée dans celui-ci. Nous savons maintenant que les Grecs et les Latins ont des déclinaisons nombreuses et riches, un système de conjugaisons très-variées, une grande facilité à former des mots soit par dérivation, soit par composition ; enfin, que ces deux langues ont au plus haut degré le caractère *synthétique*. Au contraire, sauf quelques exceptions, le français se distingue par un caractère très-*analytique*. Il résulte de là plusieurs conséquences importantes pour la syntaxe de chacune des trois langues.

Que l'on ouvre une syntaxe grecque ou une syntaxe latine, on y trouvera en grand nombre des règles qui déterminent *quelle forme* doit prendre un nom, selon qu'il est sujet ou régime, régime direct ou régime indirect; un verbe, selon qu'il est le verbe d'une proposition principale ou d'une proposition subordonnée, etc. Dans ces langues, c'est à peine si la syntaxe détermine pour deux ou trois cas *l'ordre* où les mots seront rangés. Par exemple, la préposition, comme son nom l'indique, est ordinairement *placée avant* son complément; quand, par exception, elle le suit au lieu de le précéder, cela s'appelle en grec une *anastrophe* (ἀναστροφή, *renversement*) : δωμάτων ἄπο pour ἀπὸ δωμάτων; *transtra per et remos* pour *per transtra et remos*. Le pronom relatif *qui, quæ, quod,* ὅς, ἥ, ὅ, précède toujours le verbe qui le régit; dans les tournures grecques par οὐχ ὅπως (*bien loin que*) et dans les tournures latines par *nedum*, οὐχ ὅπως et *nedum* doivent toujours commencer la seconde partie de la phrase. Mais, en général, les mots dans une phrase grecque et latine peuvent être librement disposés sans que cela change rien ou presque rien à leur sens ni à leurs rapports. Ἡροδότου Ἁλικαρνασσέο ς ἱστορίης ἀπόδεξις ἥδε (ἐστί), dit Hérodote au commencement de son Histoire; *Urbem Romam principio reges habuere,* dit Tacite, au début de ses Annales. On peut varier beaucoup l'ordre des mots dans ces deux phrases sans en altérer le sens, comme sans violer aucune règle de syntaxe. Il résulte de cette facilité que la construction, en grec et en latin, est beaucoup plus libre; car les lois de la syntaxe ne la gênent presque jamais pour disposer les mots dans l'ordre le plus favorable à leur harmonie et à leur bon effet oratoire.

Au contraire, la syntaxe française a peu de règles d'accord et de dépendance; elle a surtout des règles de *position*. L'adjectif s'accorde en genre et en nombre avec le substantif, mais en outre il n'en doit être séparé par aucun autre mot que le verbe *être*;

exemples : *Dieu bon, bon Dieu, Dieu est bon.* Le verbe s'accorde en nombre avec son sujet et il doit être *suivi* de son régime, surtout si ce régime est direct, c'est-à-dire s'il n'est *précédé* d'aucune préposition : *Alexandre conquit l'Asie* ou *Alexandre marcha vers l'Asie*; seulement, dans ce dernier cas, *vers l'Asie* pourrait, à la rigueur, *précéder* le verbe et son sujet, surtout dans le style oratoire. Le sujet, à son tour, peut quelquefois suivre le verbe comme dans la phrase suivante de Bossuet : *Restait cette redoutable infanterie espagnole*, etc. On voit que, dans la syntaxe française, il est sans cesse question de l'ordre des mots et de leur position, tandis que, dans celle des langues synthétiques, il n'est guère question que de la forme grammaticale des mots. Aussi la construction oratoire et poétique est-elle beaucoup moins libre en français qu'elle ne l'est en grec et en latin. On peut sur ce sujet multiplier les exemples, ouvrir au hasard Cicéron et Bossuet; ou, ce qui fournira le sujet de comparaisons plus directes encore, on peut dans une traduction française de Cicéron ou de Démosthène prendre deux phrases correspondantes; essayer de combien de manières l'ordre des mots sera changé, soit dans l'original, soit dans le français, sans que la phrase cesse d'être correcte et intelligible; on verra que la phrase française admet bien peu de changements, tandis que la phrase grecque et la phrase latine en admettent un grand nombre. On sentira ainsi toute la distance qui sépare la syntaxe et la construction grecque ou latine de la syntaxe et de la construction particulières à notre langue.

Un écrivain français, sa phrase une fois faite pour exprimer l'idée qu'il se propose, est donc beaucoup moins à son aise qu'un écrivain grec ou romain ne l'était pour ranger les mots de cette phrase dans un ordre agréable à l'oreille ou saisissant pour l'imagination. S'ensuit-il que notre langue soit inférieure aux langues anciennes et qu'elle se prête moins bien à l'éloquence et à la poésie? On va voir que cette infériorité n'est pas réellement aussi grande que nous pourrions le croire au premier abord.

Ne pouvant varier *l'ordre des mots* une fois trouvés et placés, l'écrivain français change *l'ordre de ses idées* avant de les rendre par les mots. Prenons pour exemple le fait suivant: A la bataille de Marathon deux adversaires étaient en présence, les Perses et les Grecs. Si je dis en grec : ἐνίκησαν οἱ Ἕλληνες τοὺς Πέρσας, ou en latin : *vicerunt Græci Persas*, selon que je voudrai attirer l'attention sur l'idée de *victoire*, ou sur le nom du *vainqueur* ou sur celui du *vaincu*, je pourrai sans rien changer à la syntaxe de cette phrase, placer en tête ἐνίκησαν—*vicerunt*, ou Ἕλληνες—*Græci*, ou Πέρσας—*Persas*. N'ayant pas en français la même liberté, je prendrai un autre tour pour la phrase tout entière, c'est-à-dire que je présenterai les Grecs et les Perses comme sujet ou comme régime du verbe, selon que je voudrai mettre en relief l'une ou l'autre de ces idées; le verbe lui même deviendra actif ou passif, selon que j'aurai conçu et présenté d'une manière ou de l'autre l'idée de la bataille de Marathon. On aura donc: *A Marathon, les Grecs ont vaincu les Perses*, ou: *à Marathon, les Perses ont été vaincus par les Grecs*. Si c'est l'idée de victoire que je veux surtout signaler, je dirai : *La victoire, à Marathon, fut remportée par les Grecs*; et ainsi de suite. Dans cet exemple, pour changer la construction des mots, j'ai dû en changer aussi la syntaxe; pour changer la syntaxe, j'ai dû changer un peu le tour de ma pensée. Mais tous ces changements nous sont si familiers et si faciles par l'habitude, que, même dans l'improvisation, ils ne retardent pas la rapidité du langage.

D'ailleurs, quoique dans notre langue la phrase se développe ordinairement selon cet ordre uniforme : sujet, verbe, attribut, complément de l'attribut, etc.; cependant l'usage a consacré chez nous quelques locutions qui nous aident à en varier le tour. Ainsi : *Cæsarem Brutus occiderat, Bruto necessitatem mortis Octavianus, Cæsaris filius, attulit*, se traduira en français par : *Brutus avait assassiné César, et ce fut Octavien, fils de César, qui força Brutus à se donner la mort.* Dans le vers de Virgile cité plus haut (p. 101), pour rendre l'effet du pronom *me* rédoublé au commencement de la phrase, on dira : *Moi, c'est moi qui,* etc.

Nous pouvons aussi détacher en quelque sorte le sujet ou le régime d'un verbe pour le placer, comme en vue, au commencement de la phrase et le signaler, par ce moyen, à l'attention. Exemple : « *Thémistocle avait deux ennemis à vaincre, les Perses et les rivaux d'Athènes; les Perses, il les vainquit par son habileté et son courage; les rivaux d'Athènes, il en triompha par sa prudence et sa fermeté.* » Il est vrai que nous sommes forcés, en pareil cas, de rappeler ensuite le sujet ou le régime par un pronom placé à côté du verbe auquel il se rapporte (*les, en*).

Notre langue n'est donc pas dépourvue de procédés et de ressources pour varier l'expression de la pensée; elle diffère, à cet égard, du grec et du latin plutôt qu'elle ne leur est inférieure, et nous ne voyons pas qu'elle ait jamais fait défaut aux hommes de génie qui ont su s'en servir. Une pensée éloquente de Cicéron n'aurait rien perdu à être exprimée en français par Bossuet. A lire nos grands écrivains, on ne s'aperçoit pas qu'ils manient un instrument plus rebelle que n'était la langue grecque sous la main de Démosthène ou de saint Basile.

[Mais la force de l'habitude est si grande que, lorsque nous abordons une langue étrangère, dont la grammaire diffère beaucoup de la nôtre, nous avons peine à concevoir comment cette langue peut satisfaire aussi bien que notre langue maternelle à l'expression des sentiments et des idées. L'étude comparative des langues est fort utile pour combattre ce préjugé. Elle nous montre, il est vrai, quelques patois, quelques idiomes barbares et d'une extrême pauvreté chez des peuples peu civilisés; mais elle nous montre aussi que des nations voisines l'une de l'autre par le génie naturel et par la culture de l'esprit, ont, en général, des procédés de langage à peu près équivalents, malgré leur diversité. Les idiomes indiens de l'Amérique et ceux de la Polynésie sont, en général, pauvres et grossiers comme les peuples qui s'en servent[62]; mais le chinois, avec son vocabulaire de mots tous monosyllabiques et tous indéclinables, est pourtant une langue aussi variée que riche; il a produit un nombre immense d'œuvres littéraires qui nous représentent une antique et active civilisation[63].

Au reste, tout en reconnaissant les mérites de la langue française, on doit avouer qu'il lui manque quelques qualités précieuses. La simplicité régulière de ses tournures devient souvent de la monotonie; l'abondance des formes composées dans la conjugaison du verbe, la répétition fréquente des pronoms et des articles embarrassent et allongent péniblement notre construction, et rendent presque intraduisible pour nous des phrases dont la précision rapide fait, en grec ou en latin, la principale beauté. Par exemple, dans Homère[64], Ajax furieux de se voir enveloppé par un nuage qui lui dérobe la vue de son ennemi, demande à Jupiter d'écarter ce nuage, et il ajoute

ἐν δὲ φάει καὶ ὄλεσσον

mot à mot: *alors, en lumière, même tue-nous* ou *tue-moi*, c'est-à-dire: *tue-nous, si tu veux, pourvu que ce soit en plein jour.* Mais aucune traduction française ne peut rendre l'é nergie de ce cri si bref qu'arrache au héros d'Homère le sentiment de son impuissance.

La menace que, dans Virgile, Neptune adresse aux vents déchaînés, *Quos ego*, est pleine de sens et très-claire. Ce petit mot *quos*, étant un accusatif pluriel masculin, rappelle et *les vents*, et le verbe actif qui pourrait exprimer l'idée de *châtier*, de *punir*, si Neptune ne s'arrêtait, par un mouvement aussi naturel qu'il est poétique, pour calmer, avant tout, la tempête.... *Sed motos præstat componere fluctus.* Ce trait célèbre de Virgile n'a pas d'équivalent en français. L'imitation que Racine en a faite dans une scène d'*Athalie* (acte V, sc. 5), montre trop bien ce qui manque à notre langue pour reproduire l'effet oratoire de ces tours si naturels en grec et en latin.

Le même défaut rend notre langue peu propre au style des inscriptions. L'inscription, qui exprime quelque souvenir historique sur un monument, ou quelque hommage pieux sur un tombeau, a besoin de brièveté pour frapper vivement l'esprit; et d'ailleurs elle n'a pas, d'ordinaire, beaucoup d'espace pour se développer sur le bronze ou sur la pierre où elle est gravée. Aussi, dans les dédicaces de monuments, a-t-on l'habitude de sous-entendre tous les mots qui ne sont pas strictement nécessaires à la clarté du sens. Exemple : Ἀθηναῖοι Ἀθηνᾷ τῇ Ὑγιείᾳ. — *Les Athéniens* (ont dédié cette statue) *à Minerve Hygie* (c'est-à-dire déesse de la santé)[68]. Dans les dédicaces, dont le tour et l'idée sont très-simples, comme dans celle-ci, le français peut également supprimer le verbe principal. Mais les Grecs et les Romains varient le tour avec plus de facilité; ils peuvent mettre le nom à l'accusatif (ἀνδριάντα, *statuam*) en sous-entendant ἀνέστησαν ou *erexerunt*; le français n'a déjà plus cette ressource. Comment reproduire dans notre langue le tour si heureux et si touchant de l'épitaphe suivante, trouvée sur un tombeau dans le midi de la Gaule, et qui paraît dater du Iᵉʳ ou du IIᵉ siècle de l'ère chrétienne :

Dis Manibus. Cupitiæ Florentinæ, conjugi piæ et castæ Januarius Primitivus maritus, qualem paupertas potuit memoriam dedi[69].

On ne s'étonnera pas après cela que l'usage se soit si longtemps perpétué chez nous de rédiger en latin les légendes
des médailles commémoratives et les inscriptions des monuments publics. Cet usage avait son excuse dans l'insuffisance
de notre langue pour le genre de style qu'on appelle *style
lapidaire* [67].

D'un autre côté, notre langue convient très-bien à tous
les sujets pour lesquels on n'a besoin ni de compter les mots
ni de les arranger avec un soin particulier. Les sciences
exactes, la philosophie n'ont pas d'expression plus naturelle
ni plus claire que notre langue; la marche de nos phrases se
prête merveilleusement à la démonstration scientifique; et
cela est si vrai, que le grec même et le latin, dans un manuel
de mathématiques ou d'astronomie, se rapprochent naturellement des tours de la grammaire française. A l'appui de
cette observation, on peut lire quelques pages d'Euclide ou
d'Archimède et des écrits scientifiques de Boëce.]

CHAPITRE XVII.

DE CE QU'ON APPELLE INVERSION ET ORDRE LOGIQUE.

Ici se présente une difficulté qui arrête souvent les
jeunes esprits dans l'étude du grec et du latin, et
qui a donné lieu, même entre les savants, à de sé-
rieuses controverses.

Dès l'explication de l'*Epitome historiæ Græcæ* et
des *Fables d'Ésope*, les enfants apprennent à faire
ce qu'on nomme la construction des phrases latines
et grecques, c'est-à-dire à ranger d'abord, avant de
traduire, les mots de chaque phrase selon l'ordre en
usage dans la langue française. Cet ordre, en effet,
est presque toujours différent de l'ordre suivi en
grec ou en latin. Les deux langues anciennes, grâce

à la variété de leurs flexions grammaticales, ont, dans l'arrangement des mots une liberté qui n'est guère bornée que par certaines lois d'habitude, ou par certaines convenances d'harmonie. Le français, au contraire, suit une marche plus uniforme et plus facile. Ici le nom appelle à côté de lui l'adjectif, le sujet appelle le verbe, ce dernier appelle son complément, etc. Une fois qu'on a pu ramener les mots latins ou grecs à cet ordre si simple, il n'y a plus qu'à les traduire successivement par les locutions françaises qui y correspondent.

Ainsi, l'ordre de la phrase française est plus régulier et plus simple, et il a pour nous un second avantage, qui est de nous être, dès l'enfance, plus familier que celui des langues anciennes.

Un troisième avantage de l'ordre français, qui semble avoir été pressenti par les anciens eux-mêmes, c'est qu'il se prête mieux à l'analyse des phrases, et qu'il est plus *analytique*. Cicéron et Quintilien reconnaissent déjà une manière naturelle et une manière plus oratoire de ranger les mots dans la phrase[68]; un ancien commentateur de Virgile[69], pour rendre plus claires certaines constructions dans les vers de ce poëte, les ramène à un ordre voisin de l'ordre français, et il annonce ce changement en disant : *ordo est*, l'ordre, c'est-à-dire l'ordre analytique. Par exemple, dans :

> Arma virumque cano, Trojæ qui primus ab oris
> Italiam fato profugus Lavinaque venit
> Littora;

pour expliquer le sens des mots et leurs rapports réciproques, l'ordre suivant sera plus commode : *Cano arma et virum qui primus, ab oris Trojæ profugus fato, venit Italiam et littora Lavina.* De cette façon, le verbe *cano* précède tous ses compléments *arma, virum qui*, etc.; *qui* est suivi de deux adjectifs, *primus* et *profugus*, qui s'y rapportent; *venit* précède *Italiam* et *littora* qu'il régit à l'accusatif; on voit alors plus clairement tous ces rapports et toutes les règles de syntaxe appliquées dans la phrase de Virgile.

On peut faire la même expérience sur une période grecque, on verra qu'elle gagne en clarté analytique à mesure qu'elle se rapproche de la construction française.

Mais de ce que cette construction est plus commode pour l'analyse on a conclu qu'elle est plus *logique*, c'est-à-dire plus raisonnable, plus conforme aux opérations de l'esprit dans le raisonnement. S'il en était ainsi, la construction si commune chez les anciens serait donc contraire à la logique et à la raison; les anciens auraient eu tort de la suivre, et c'est en français qu'il faudrait chercher le vrai modèle de la construction grammaticale : tout ce qui s'en écarte serait une *transposition*, une *inversion*, une infidélité aux lois de la logique. Les langues *transpositives, inversives* (et presque toutes les langues anciennes ont ce caractère) auraient altéré l'ordre naturel de la pensée; les langues à *construction directe* seraient plus conformes à cet ordre, plus *analogues*, comme on a dit, et plus régulières[70].

Assurément, voilà une théorie qui est tout à l'honneur de notre langue; mais nous devons avouer qu'elle renferme une erreur.

La proposition, à laquelle il faut toujours revenir dans une étude du langage, a trois termes dont l'ensemble forme son *unité*, qui se tiennent, mais qui ne se succèdent pas selon un ordre numérique. Dans la proposition : *ce mur est blanc*, en réalité *ce mur* est le sujet, parce qu'il exprime l'idée de substance, et non parce qu'il est le premier; *blanc* est l'attribut, parce qu'il exprime une qualité, et non parce qu'il est le troisième; *est* est le verbe, parce qu'il montre que la qualité est dans la substance, et non parce qu'il est au second rang dans la phrase. *Albus hic murus est* offre, en latin, avec un ordre de mots tout différent, un sens aussi clair et aussi complet que la proposition française correspondante. Seulement, le latin a des terminaisons qui marquent à elles seules, le rôle des mots dans la phrase; on peut déplacer les mots latins, sans que le rôle de chacun d'eux soit pour cela méconnaissable. Chacun d'eux porte, pour ainsi dire, l'uniforme de son rôle, qui le fait reconnaître, à peu près comme l'uniforme nous fait reconnaître à quelle arme et à quel grade appartient un soldat, même quand il est séparé de son régiment. Le français, qui n'a pas cette ressource des terminaisons diverses, ne nous fait guère reconnaître le rôle des mots que par la place qu'il leur donne. Mais la langue française ne remplit pas moins pour cela son office, qui est de montrer nos idées et nos sentiments; elle les exprime à sa manière, le grec et le latin les expriment autrement : voilà toute la différence.

En d'autres termes, que demande la logique ou la raison? Que chaque mot ait dans la phrase le rôle qu'a dans notre esprit l'idée exprimée par ce mot; que le sujet soit facilement reconnu pour sujet, l'attribut pour attribut, le complément pour complément, etc. Les terminaisons grecques et latines suffisent à produire cet effet; l'ordre des mots n'a donc en grec et en latin qu'une utilité accessoire. En français, où les terminaisons ne suffiraient pas à produire le même effet et à exprimer nos idées comme nous voulons qu'elles soient comprises, l'ordre des mots suppléé à cette insuffisance, et c'est pour cela qu'il est plus important et plus rigoureux chez nous, sans être, à proprement parler, plus *logique*.

Cela bien établi, on peut avouer qu'il est commode et utile, pour les commençants, de faire la construction d'une phrase grecque ou latine avant de la traduire; mais il faut bien se garder de croire qu'en faisant cette opération on rende le grec ou le latin plus logique, plus raisonnable; on le rend seulement plus clair pour des esprits peu familiarisés avec la méthode des langues à flexions; on prépare mieux un texte pour le traduire ensuite couramment par des mots français.

[Bien loin qu'en faisant la construction, on corrige ou l'on améliore le texte original, au contraire, c'est le signe d'un véritable progrès dans l'étude des langues, que de n'avoir plus besoin de ce renversement mécanique des phrases pour comprendre un auteur. Celui qui pense trop à la construction en lisant une page d'Homère ou de Virgile, de Thucydide ou de Tite Live, et qui, pour comprendre leurs chefs-d'œuvre, a besoin d'en retourner les phrases selon la méthode française, celui-là n'en est qu'aux éléments; il n'entend rien encore au mérite original des auteurs anciens.

Pour démontrer mieux les principes que je résume ici, il aurait fallu citer beaucoup d'exemples, si déjà ces exemples n'abondaient dans nos précédents chapitres. Malgré l'affinité primitive des trois langues dont nous venons de comparer les procédés grammaticaux, nous avons vu combien de moyens divers elles mettent en jeu pour exprimer la pensée; et, avant même d'aborder ce chapitre de l'*inversion* et du prétendu *ordre logique*, nous étions en garde contre une disposition, trop commune chez les grammairiens, à généraliser des règles particulières à chaque langue, et à n'admettre comme raisonnables que les procédés dont on a l'habitude.]

CHAPITRE XVIII.

PRINCIPALES RÈGLES DE L'ANALYSE LOGIQUE.

§ 1. Définitions et observations générales.

Quand on considère une phrase de quelque étendue, et qui renferme plusieurs jugements, on voit sans peine qu'elle peut se diviser en divers groupes de mots formant chacun un sens particulier qui se rattache au sens général de la phrase. Si les diverses parties de la phrase sont symétriquement arrangées, elles forment une *période* (περίοδος, *circuitus* ou *ambitus verborum*), dont elles sont les membres (κῶλα, *membra*). Mais de quelque façon que soient arrangées ces parties de la phrase, on peut toujours les diviser en propositions ou jugements, et les propositions elles-mêmes peuvent être divisées en trois termes : sujet, verbe et attribut. Faire ainsi l'analyse d'une phrase, c'est en faire l'*analyse logique*.

Dans un ensemble de propositions formant une phrase, il y a la proposition principale et les propositions secondaires ou subordonnées ; dans chaque proposition prise à part, le sujet peut être simple, c'est-à-dire exprimé par un seul mot ; il peut être complexe ou composé de plusieurs mots ; il en est de même de l'attribut. L'analyse logique recherche et signale ces différences ; mais elle ne s'occupe pas autrement de la forme des mots, se contentant de les distinguer et de les grouper, selon leur rôle dans la phrase et dans la proposition. Un exemple pris dans chacune des trois langues classiques, suffira pour montrer comment on y applique ces règles élémentaires d'analyse.

Xénophon commence ainsi un apologue célèbre,

celui d'Hercule entre le vice et la vertu : Πρόδικός
φησι τὸν Ἡρακλέα, ἐπεὶ ἐκ παίδων ἐς ἥβην ὡρμᾶτο, ἐν ᾗ οἱ
νέοι, ἤδη αὐτοκράτορες γενόμενοι, δηλοῦσιν εἴτε τὴν δι' ἀρετῆς
ὁδὸν τρέψονται ἐπὶ τὸν βίον, εἴτε τὴν διὰ κακίας, ἐξελθόντα εἰς
ἡσυχίαν καθῆσθαι, ἀποροῦντα ὁποτέραν τῶν ὁδῶν τράπηται,
phrase que Cicéron a traduite un peu librement par :
*Herculem Prodicus dicit, quum primum pubesceret, quod
tempus a natura ad deligendum quam quisque vivendi
viam sit ingressurus datum est, exisse in solitudinem,
atque ibi sedentem diu secum multumque dubitasse,
quum duas cerneret vias, unam voluptatis, alteram
virtutis, utram ingredi melius esset*[1]; et que nous tra-
duirions en français par : « Prodicus raconte que,
« au sortir de l'enfance, et entrant dans cet âge où
« les enfants, devenus maîtres d'eux-mêmes, mon-
« trent s'ils suivront la voie de la vertu ou [s'ils sui-
« vront] celle du vice, Hercule sortit pour aller
« s'asseoir loin du bruit, et demeura incertain du
« chemin qu'il prendrait. »
Dans les trois phrases, la proposition qui domine
toutes les autres est celle dont *Prodicus* est le sujet :
c'est la proposition principale; son sujet, *Prodicus*,
est simple, mais l'attribut *raconte* (*est-racontant*) est
très-complexe; car il a, en réalité, pour compléments,
tous les mots qui suivent. De toutes les propositions
qui dépendent de ce mot φησί, *dicit, raconte*, l'une :
Ἡρακλέα ἐξελθόντα εἰς ἡσυχίαν καθῆσθαι, ou, comme dit
Cicéron, *Herculem exisse in solitudinem*, est la première des propositions subordonnées; car si, au lieu
de tourner par *Prodicus raconte*, on avait dit : *Selon
le récit de Prodicus, Hercule*, etc., la proposition dont
Hercule est le sujet, serait devenue la principale. Le
sujet de cette proposition, *Hercule*, est simple, car il
n'est accompagné d'aucun autre nom ni d'aucun adjectif; mais, logiquement, il a pour complément plu-

sieurs des propositions suivantes ; car l'âge d'Hercule est déterminé ici par une phrase qu'on appelle *incidente*, composée, en grec et en français, de cinq propositions, et de trois, en latin ; elles sont rangées en grec et en français selon l'ordre de leur importance ; en latin, si *datum est* était à côté de *tempus*, le même ordre serait conservé. Au lieu de καθῆσθαι ἀποροῦντα, Cicéron dit : *ibi sedentem dubitasse*, et il développe le sujet de ce doute en deux propositions au lieu d'une ; ces deux propositions, comme la proposition unique ὁποτέραν ὁδὸν τράπηται, dépendent de *dubitasse* ou ἀπο-ροῦντα, dont elles complètent l'attribut.

Après avoir ainsi décomposé l'ensemble de la période, en partant de ce principe qu'à chaque verbe répond une proposition, l'analyse logique reprend à part chaque proposition pour en étudier séparément le sujet, le verbe et l'attribut ; pour indiquer si le sujet est simple ou complexe, et de même pour l'attribut, si la proposition est simplement ou doublement subordonnée, etc. Le détail de ces subdivisions appartient aux traités spéciaux sur l'analyse logique.

On remarquera, en général, dans ces analyses, que le français se prête plus facilement que le grec et le latin à la division analytique ; c'est là une consé-quence naturelle des procédés de notre grammaire. Comme nous exprimons plus volontiers que ne font les anciens chaque idée par un mot distinct, quand nous voulons diviser une phrase en propositions et une proposition en trois termes, les locutions fran-çaises nous offrent souvent autant de mots qu'il y a d'idées diverses dans la phrase, tandis que dans les langues riches en flexions grammaticales, souvent plusieurs idées sont exprimées par un seul mot. D'un autre côté, en grec et en latin, les propositions secondaires ou subordonnées se présentent souvent engagées l'une dans l'autre, ou bien elles sont au commencement de la phrase quand il nous semble qu'elles devraient être à la fin. En français, au contraire, les propositions sont plus naturellement détachées l'une de l'autre, et quelquefois même il n'y a pas lieu d'en déplacer une seule pour analyser logiquement la phrase. Notre langue a donc des habitudes d'expression et de syntaxe plus favorables à l'analyse; c'est ce que déjà nous avions reconnu dans le chapitre précédent.

[Mais par cela même que notre langue possède cette propriété, nous avons à éviter une erreur dans l'analyse des phrases grecques et latines, et en général dans l'analyse de toute phrase écrite en une langue étrangère de l'espèce de celles que l'on appelle synthétiques.

Δεδώκαμεν en grec, et *dedimus* en latin, forment des propositions complètes; mais, comme disent les logiciens, des propositions *implicites* (*implicitæ*), dont tous les éléments sont réunis et exprimés par un seul mot. Si on voulait décomposer ces mots pour y chercher les éléments de la proposition, on trouverait : 1° un radical attributif avec redoublement et lettre formative dans δέδωκα; un radical avec redoublement dans *dedi*; 2° une flexion personnelle μεν, *mus*, c'est-à-dire le signe du sujet et celui de l'attribut seulement, rien qui représente particulièrement l'idée du verbe. Bien plus, la flexion personnelle qui exprime ici le sujet vient après le radical qui représente l'attribut. Ainsi, si l'on compare avec la proposition logique (sujet-verbe-attribut) une locution comme δεδώκαμεν ou *dedimus*, celle-ci nous offre un terme de moins; et, les deux termes qui restent, elle nous les offre rangés autrement que la logique ne nous habitue à les concevoir. Notre langue fournirait quelques faits analogues, par exemple, dans les impératifs, comme *march-ons*, *sort-ons*; dans les locutions interrogatives, comme *veut-il*, *sort-il*. Mais ce qui n'est chez nous qu'une exception est la règle même dans les langues synthétiques; et l'analyse qu'ex_

priment si ordinairement nos formes verbales composées est
une exception dans la conjugaison grecque et latine. Or, de
même qu'il ne faut pas, au nom de la syntaxe française,
faire violence à la liberté des constructions grecques et latines; de même il ne faudrait pas, dans l'analyse logique d'un
texte grec ou latin, décomposer trop rigoureusement ces
formes synthétiques et y chercher une méthode d'expression, qui est plutôt la nôtre que celle des anciens. Les peuples qui ont donné aux vieilles langues de l'Europe la
forme que nous y observons, n'avaient pas les mêmes habitudes d'esprit que ceux qui, aujourd'hui, les analysent et
les jugent; ils concevaient plus volontiers que nous beaucoup d'idées à la fois, et plus volontiers que nous ils les exprimaient en un seul mot, sans être, pour cela, de mauvais
logiciens. C'est peut-être par un abus de l'analyse logique
que certains grammairiens français se sont montrés si sévères
pour les langues anciennes; ils ont cru trop souvent que
l'esprit humain avait dû toujours et partout procéder comme
procède sous nos yeux l'esprit français dans l'expression de
la pensée. Il importe, non-seulement pour l'étude de la
grammaire, mais pour celle de l'histoire, de se familiariser
avec une critique plus judicieuse et plus impartiale [72].

Au reste, si l'analyse logique peut avoir quelques incon-
vénients pour une saine appréciation du génie des langues,
elle a aussi, dans l'étude des langues classiques, certains
avantages pratiques qu'il faut signaler, car ils intéressent
même les commençants.]

§ 2. Applications de l'analyse logique à l'étude des langues
anciennes.

I. En présence d'une longue phrase latine, les
commençants sont d'ordinaire embarrassés de savoir
par où il faut commencer la traduction : c'est qu'ils
ne peuvent pas, entre les propositions que cette phrase
renferme, distinguer du premier coup d'œil la proposition principale, et y rattacher successivement
les autres. Par exemple, dans un dialogue de Cicéron,

l'orateur Crassus dit à son ami Catulus : *Idem Gracchus, quod potes audire, Catule, ex Licinio cliente tuo, litterato homine, quem servum sibi ille habuit ad manum, cum eburneola solitus est habere fistula, qui staret occulte post ipsum, quum concionaretur, peritum hominem, qui inflaret celeriter eum sonum, quo illum aut remissum excitaret, aut a contentione revocaret.* —
« Licinius, homme instruit et votre client, Catulus,
« a pu vous dire que C. Gracchus, dont il a été au-
« trefois l'esclave et le secrétaire, faisait cacher der-
« rière lui, lorsqu'il parlait en public, un musicien
« habile, qui lui donnait rapidement le ton, sur une
« flûte d'ivoire, pour relever sa voix, si elle venait à
« baisser, ou pour le ramener à la suite d'éclats un
« peu vifs. (a) » Il y a, dans cette phrase, huit ou neuf
propositions représentées par autant de verbes ; à
quel signe reconnaître la principale ?

Une règle de l'analyse logique nous apprend que la proposition principale est celle qui pourrait, à la rigueur, se passer des autres, qui ne dépend pas des autres, et peut être énoncée séparément ; c'est donc ici : *Idem Gracchus solitus est*, à laquelle se rattache immédiatement, et comme complément direct, *habere* ; ce dernier verbe a pour compléments : 1° *peritum hominem*, bien reconnaissable à sa terminaison, qui est celle du cas régime ; 2° *cum eburneola fistula*, attribut complexe de *hominem* ; *qui staret, qui inflaret* se rattachent à *peritum*, pour marquer l'usage que le musicien faisait de son talent ; *quo excitaret, quo revocaret*, se rattachent à l'idée de l'office rempli par le musicien, et indiquent le but qu'il se proposait ; *quum concionaretur* est une proposition incidente qui

____

(a) Cicéron, *Dialogues de l'Orateur*, livre III, chap. LX ; traduction de M. Gaillard.

marque la circonstance où le musicien aidait Gracchus. Enfin les mots *quod potes*, etc., jusqu'à *ad manum*, forment une phrase incidente, en trois propositions marquées par les verbes *potes, audire, habuit*, et qu'on peut mettre entre parenthèses, car elle interrompt la marche grammaticale de la phrase où l'insère Crassus pour justifier son récit. Au moyen de cette analyse, les terminaisons des mots latins s'expliquent d'elles-mêmes, et l'esprit se retrouve dans les détours de leur arrangement un peu compliqué.

II. On a vu que j'ai compté, dans la phrase de Cicéron, *audire* et *habere* comme deux verbes qui représentaient autant de propositions distinctes. C'est, en effet, au moyen d'une analyse toute logique, que nous avons reconnu (plus haut, p. 66) la nature verbale de l'infinitif. On a vu, de plus, que j'ai considéré les infinitifs comme verbes de propositions subordonnées. Or, la proposition infinitive semble souvent jouer le rôle de proposition principale, et se placer de droit au premier rang dans la phrase : par exemple, lorsque Cicéron dit : *Facinus est, vinciri civem romanum, scelus verberari* (a), les verbes *vinciri* et *verberari*, avec leur sujet commun *civem romanum*, seront replacés par l'analyse logique avant *facinus est, scelus est*. Il y a là une première contradiction apparente [73].

Il y en a une autre dans le rapport de l'infinitif et du sujet. Toutes les fois que l'on exprime en grec et en latin le sujet d'un verbe à l'infinitif, ce sujet est toujours mis à l'accusatif, sauf dans les cas que l'on nomme cas d'attraction, comme : *mediocribus esse poetis non licet*. Au contraire, quand le verbe est à

(a) *Contre Verrès, de Suppliciis*, V, LXVI, § 170.

un mode personnel, le sujet est toujours au nominatif. D'où vient cette différence ?

Une seule observation va nous permettre de résoudre à la fois les deux difficultés.

La proposition, dont le verbe est à l'infinitif et le sujet à l'accusatif, est toujours elle-même, soit le complément ; soit le sujet d'une autre proposition.

1° Elle est le complément d'une autre proposition, comme dans : *Censeo-delendam esse Carthaginem.* — *Je suis d'avis-que-il faut détruire Carthage*, exemple où la traduction française montre très-bien la subordination de l'infinitif latin à l'indicatif *censeo* qui le précède ; ou encore dans cette phrase plus complexe de Cicéron : *Neminem esse oratorem paulo illustriorem arbitror, neque Græcum neque Latinum, quem ætas nostra tulerit, quem non et sæpe et diligenter audierim.* « JE NE PENSE PAS QU'IL Y AIT *de nos jours un seul orateur grec ou romain un peu célèbre que je n'aie entendu souvent et avec beaucoup d'attention,* » (a) où la traduction française fait très-bien voir que *neminem esse* est le complément de *arbitror.*

2° La proposition infinitive est le sujet d'une autre proposition à un mode personnel dans les exemples, comme : *Facinus est vinciri civem romanum, scelus verberari*, que nous pouvons traduire par : *Mettre aux fers un citoyen romain-est-un attentat, le frapper (est) un crime.*

Or une proposition, qui devient ainsi partie intégrante d'une autre proposition, soit à titre de sujet, soit à titre de complément, cesse par cela même d'être une proposition indépendante, une proposition principale ; quoiqu'elle se place en tête de phrase, elle n'est pas moins, pour cela, subordonnée

---

(a) *De l'Orateur*, livre II, chap. XXVIII.

à la proposition dont elle fait partie, et cette subordination se marque par un double signe : le cas accusatif, pour le sujet, et le mode infinitif, pour le
verbe.

Cette explication fort simple, mais toute [...]
pourra étonner à la première vue; en l'épro[uvant]
sur de nombreux exemples, soit grecs, soit lat[ins, on]
se convaincra, je pense, qu'elle est la seule vérit[able].
Dans ces exercices, d'ailleurs, la comparai[son du]
français avec le grec et le latin montrera des différences intéressantes à remarquer.

III. Ainsi, le sujet de la proposition infinitive n'est
presque jamais exprimé quand il est le même que
celui de la proposition d'où dépend l'infinitif :
εἱλόμην ἐξελθεῖν — *constitui exire* — *je résolus de sortir*
(moi sortir); ou bien, si on l'exprime, il reste volontiers au même cas que dans la proposition principale,
par une sorte d'attraction, comme dans φαίνεται
εὐδαίμων (ἀνήρ) εἶναι ὁ σοφός, — *videtur sapiens beatus
homo esse*, — *le sage paraît être un homme heureux.*
Cependant on dit en latin : *memini (ego)* ME *legere*, ou
ME *audire*, — je me souviens d'avoir lu ou d'avoir entendu, quoique le sujet soit le même dans les deux
propositions.

Mais si les deux sujets sont différents, dès lors celui
de la proposition infinitive se met toujours à l'accusatif, en grec et en latin. Dans cet exemple de Cicéron :
*Bibliothecas omnium philosophorum unus mihi videtur
Duodecim Tabularum libellus.... superare*, — « *Le petit
livre des Douze Tables me semble valoir plus à lui seul,
que tous les traités des philosophes* (a), » si, au lieu de *videtur*, on employait le verbe *censeo* ou *arbitror*, il faudrait aussitôt changer le reste de la phrase et mettre

(a) Cicéron, *de l'Orateur*, livre I, chap. XLIV.

à l'accusatif *libellum*, sujet de *superare*, parce que les sujets des deux verbes seraient différents. En pareil cas, le français marque aussi d'une manière sensible le changement de sujet ; il remplace l'infinitif par *que* et un mode personnel : *Je crois* QUE *le petit livre surpasse*, etc. Quelquefois les deux tournures alternent, dans notre langue, même lorsque les deux propositions n'ont qu'un seul sujet. Exemple : *je crois pouvoir*, ou : *je crois* QUE *je pourrai*.

Quelquefois aussi, quand une proposition infinitive forme le sujet d'une autre proposition, le français, au lieu de mettre cette proposition en tête de la phrase, la réserve pour la seconde partie, mais alors il l'annonce, pour ainsi dire, et la résume d'avance dans la première par un pronom démonstratif. Exemple : *Il est honteux de rester ignorant*, ou : *C'est* (pour *cela est*) *une honte de* (ou *que de*) *rester ignorant*.

IV. L'analyse logique peut encore nous faire reconnaître le véritable caractère de quelques locutions que l'usage a nommées d'une façon inexacte. Par exemple, on appelle ordinairement *génitifs absolus* en grec, *ablatifs absolus* en latin, certains participes employés au génitif ou à l'ablatif sans préposition, comme si une flexion casuelle ne pouvait régulièrement être employée sans une préposition pour la régir. Or nous avons vu que les cas existent par eux-mêmes et ne dépendent pas nécessairement de prépositions exprimées ou sous-entendues, et que les prépositions, à leur tour, peuvent se passer de cas, comme cela a lieu en français, pour exprimer les idées qu'elles représentent. C'est donc une erreur de chercher toujours une préposition pour expliquer l'usage d'une terminaison casuelle.

Maintenant, si on analyse logiquement ces participes absolus, soit en grec et en latin où ils sont à des cas déterminés, soit en français où ils ne se déclinent pas, on trouvera que bien loin d'être *absolus*, ils représentent, au contraire, des propositions *relatives* et subordonnées. Exemples : ἀγγέλων ἀφικομένων περὶ τοῦ Καίσαρος φόνου, — *allato nuntio de Cæsaris morte*, — *la nouvelle étant arrivée de la mort de César*, c'est-à-dire *après que* ou *lorsque la nouvelle fut arrivée*. L'analyse montre que toutes les locutions de ce genre se ramènent à un mode personnel précédé d'une conjonction, c'est-à-dire à une proposition vraiment secondaire, et qu'elles expriment toujours quelque circonstance d'un fait principal. Tout en conservant dans l'usage le terme de *participe absolu*, il faut bien s'entendre sur la vraie valeur des locutions auxquelles on l'applique.

CHAPITRE XIX.

PRINCIPALES RÈGLES DE L'ANALYSE GRAMMATICALE, DES PRINCIPALES FIGURES DITES DE GRAMMAIRE.

§ 1. Principales règles de l'analyse grammaticale.

Il est bien facile de distinguer l'analyse grammaticale de l'analyse logique. Celle-ci, comme nous l'avons montré, analyse les phrases surtout en vue de la proposition et des éléments de la proposition ; l'analyse grammaticale ne considère dans les mots que leur forme et le détail de leur composition. Par exemple, dans le premier vers de l'Iliade :

Μῆνιν ἄειδε, Θεά, Πηληϊάδεω Ἀχιλῆος

l'analyse logique décompose ἄειδε en ἔστω ἀείδουσα, puis elle reconnaît là une proposition impérative dont le sujet, θεά, est simple et dont l'attribut, ἀείδουσα μῆνιν Πηληϊάδεω Ἀχιλῆος, est composé, etc. L'analyse grammaticale reconnaît dans μῆνιν un nom féminin, de la troisième déclinaison, à l'accusatif, régime de ἄειδε; dans ἄειδε un impératif présent de ἀείδω, verbe simple et actif; dans θεά un nom féminin, de la première déclinaison, au vocatif, qui est le sujet de ἄειδε; dans Πηληϊάδεω un nom patronymique de la première déclinaison, au génitif, avec allongement poétique, εω pour ου; dans Ἀχιλῆος un nom propre, de la troisième déclinaison, en εύς, sans contraction et avec allongement poétique de ε en η, pour Ἀχιλλέος.

On peut analyser de même cette invocation de Virgile : *Musa, mihi causas memora*, etc., et celle de Voltaire :

Je chante le héros qui régna sur la France, etc.

On verra facilement que les deux procédés d'analyse se touchent en plusieurs points. Par exemple, l'analyse grammaticale signale comme *régime* ce que l'analyse logique signale comme *complément* d'un verbe. C'est en analysant les flexions d'un nom ou d'un verbe que l'on distingue nettement le rôle de ce nom ou de ce verbe dans la phrase, etc. Cependant les deux analyses restent distinctes par leur objet comme par leur utilité. L'une des deux sert plus spécialement à étudier la signification et le rôle des mots, par conséquent à faire de la grammaire philosophique; l'autre à en étudier l'origine et les transformations diverses, et par conséquent à faire de la philologie grammaticale [74].

§ 2. Des principales figures dites de grammaire.

Pour analyser grammaticalement les mots, il importe de connaître et de ramener à un certain nombre de classes les principales modifications dont les mots sont susceptibles. Ces modifications, que nous connaissons déjà pour la plupart, s'appellent du nom général de *figures* (σχήματα, πάθη τῶν λέξεων — *figuræ, passiones verborum*, etc.). Nous énumérerons ici les plus importantes, sans prétendre relever tous les termes en usage chez les grammairiens anciens et modernes, qui ont poussé ces distinctions jusqu'à une subtilité inutile et même embarrassante dans la pratique [75].

De ces figures, les unes répondent aux procédés réguliers de la formation des mots; les autres sont plutôt des altérations de la forme régulière des mots. Une troisième classe comprendra les figures de syntaxe ou changements qui affectent les rapports syntaxiques des mots.

I. Dans la première classe nous rangerons :

1° L'*Augment* (αὔξησις, *augmentum*) et le *Redoublement* (ἀναδίπλωσις, *reduplicatio*), dont les exemples abondent dans la conjugaison du verbe grec et du verbe latin. On peut y rattacher l'addition des particules indéclinables comme α privatif, *in* en latin, etc.

2° La *Paragoge* (παραγωγή), qui consiste à allonger un radical ou un mot déjà formé, comme *er* dans les vieux infinitifs latins *monstrarier, dicier*, etc. Les Grecs appelaient *paragoge* la finale des verbes en μι. Ils nommaient ἐπένθεσις ou *addition intérieure*, l'insertion d'une lettre ou d'une syllabe dans l'intérieur d'un mot, comme dans λαμβάνω pour λάβω, primitif inusité.

3° La *Contraction* (συναίρεσις, *contractio*), qui de deux syllabes en fait une seule, comme dans les terminaisons des verbes et des noms contracts : φιλέ-ει — φιλεῖ, βασιλέ-ι — βασιλεῖ, *audĭ-is — audīs, senatŭ-is — senatūs, aurĕ-is — aureis*.

4° La *Diérèse* (διαίρεσις, *divisio*), qui divise une syllabe en deux syllabes, *aulāī* (vieux latin) pour *aulai — aulæ*, et particulièrement une longue en deux brèves, comme dans ὀξέί pour ὀξεῖ,

5° L'*Ectase* (ἔκτασις, *productio*) ou allongement, qui consiste à rendre longue une syllabe brève, comme dans σοφώτερος, venant de σοφός.

6° La *Systole* (συστολή, *correptio*), qui rend brève une syllabe longue, comme dans *amăt*, où le voisinage du *t* a rendu bref l'*a* qui était long dans *amās*.

7° La *Synizèse* (συνίζησις), qui consiste à compter une longue pour brève, soit dans la mesure d'un vers, soit dans l'accentuation. Exemples : Πηληϊάδεω, dans le premier vers de l'Iliade, où la terminaison εω forme une seule syllabe longue et compose avec les deux premières syllabes d'Ἀχι-λῆος le dactyle final; πόλεως, où l'accent ne pourrait pas rester sur la première syllabe, si les deux dernières ne comptaient pour une seule longue.

8° L'*Allitération*, qui change une consonne par l'effet de la consonne voisine, comme συλλέγω pour συνλέγω, συμβαίνω pour συνβαίνω ; *allatus* pour *adlatus*.

II. A la seconde classe de figures on peut rapporter, sous le nom générique de *métaplasmes* (μεταπλασμοί), ou changements de forme :

1° L'*Apocope* (ἀποκοπή), qui retranche à la fin du mot une syllabe, sans que la syllabe voisine en devienne plus longue. Exemples : δῶ pour δῶμα, dans Homère; *fac, duc* pour *face, duce*, à l'impératif de *facere, ducere*.

2° L'*Aphérèse* (ἀφαίρεσις), qui retranche une lettre ou une syllabe au commencement d'un mot, comme dans εἴβω pour λείβω, et dans *boutique*, de *apothica* (ἀποθήκη).

3° L'*Élision* (ἔκθλιψις), qui consiste à supprimer tantôt

la syllabe finale d'un mot devant l'initiale du mot suivant, tantôt l'initiale du second devant la finale du premier. Ἄλγε' ἔθηκεν pour ἄλγεα, κάλ' ἐστί pour καλά ἐστι; *magnum est* en deux syllabes, dans l'ancienne prononciation latine que l'orthographe ne représente pas; *sita-st* pour *sita est*, et même *situ-st* pour *situs est*, à cause de la prononciation très-faible de l'*m* et de l'*s* finales dans ces sortes de terminaisons.

4° La *Crase* (κρᾶσις), qui réunit et contracte en une syllabe longue la finale d'un mot et l'initiale du mot suivant : κᾆτα pour καὶ εἶτα, χρῆν pour χρεία ou χρέα ἦν, etc. La crase et l'élision s'appellent quelquefois du nom commun de *synalèphe* (συναλοιφή).

5° La *Prosthèse* (πρόσθεσις), qui ajoute une lettre au mot, sans en changer le sens, comme ἀμαυρός pour μαυρός, ὀδύρομαι pour δύρομαι; *lierre* dérivé de *hedera* (*hierre*, *l'hierre*), *éponge* de *spongus*, *école* de *schola* (*eschole*), etc.

6° La *Métathèse* (μετάθεσις) ou transposition, qui consiste à transposer des lettres, comme dans κάρτος pour κράτος, θάρσος pour θράσος, etc.

7° La *Syncope* (συγκοπή), qui consiste à supprimer une syllabe intérieure, comme dans θέραπτα, abréviation populaire, pour θεράποντα, chez les Éoliens; *idolâtrie* pour *idololâtrie* (εἴδωλο-λατρεία).

On pourrait multiplier, mais sans profit, cette énumération de figures, dont presque tous les noms sont d'origine grecque, et qu'il faut presque toujours justifier par des exemples empruntés aux langues anciennes, parce que la nôtre ne connaît qu'un petit nombre de ces transformations soit régulières, soit irrégulières des mots. L'esprit observateur des grammairiens grecs a multiplié sur ce sujet les distinctions; et leur langue leur a fourni en abondance tous les termes techniques dont ils avaient ou croyaient avoir besoin pour exprimer tant de nuances délicates. Le latin, par son analogie avec le grec, s'accommode assez bien de cette théorie où chaque fait grammatical, si petit qu'il soit, trouve sa place et reçoit un nom[76]. Mais notre langue, composée d'éléments plus divers et avec une méthode moins régulière, moins féconde surtout en flexions et en combinaisons grammaticales, ne comporte guère l'emploi de dénominations si variées. D'ailleurs on s'aperçoit souvent, dans l'usage, qu'il faut plus de peine pour retenir et appliquer avec justesse les noms de toutes ces figures, que pour y suppléer, selon le besoin, par des équivalents ou par des périphrases toutes françaises.

III. La troisième classe de figures, plus voisine des figures de rhétorique, sur lesquelles les Grecs ont aussi déployé tant de subtilité, ne mérite ici qu'une mention rapide, car les figures qui s'y rapportent sont précisément celles que les élèves étudient dans la partie de leurs grammaires particulières appelée quelquefois *Méthode*, et consacrée surtout aux *idiotismes*.

Les *idiotismes* ou particularités de langage sont des *hellénismes* en grec, des *latinismes* en latin, des *gallicismes* en français.

C'est un idiotisme grec que la règle connue sous le nom de ζῶα τρέχει, ou l'emploi d'un verbe au singulier avec un sujet au pluriel neutre. Il en est de même de la tournure οἱ περί avec un nom propre à l'accusatif, pour désigner une seule et même personne : οἱ περὶ Ἀλέξανδρον, *Alexandre*.

C'est un idiotisme latin que l'emploi obligatoire de l'infinitif dans les constructions où le français met toujours un *que* avec un indicatif, et où le grec peu prendre, à volonté, l'une ou l'autre des deux tournures. (Règle du QUE *retranché.*)

C'est un idiotisme grec et latin que ce qu'on appelle dans nos grammaires le *cas d'attraction*, où le pronom relatif, au lieu d'être régi par le verbe qui suit, se met au même cas que le substantif ou le pronom antécédent, comme dans : ἀρκεῖται οἷς ἔχει.

C'est un idiotisme français que l'emploi du sujet indéterminé *on* (de *hom — homo?*) avec un verbe au singulier : *on dit*, pour *dicunt*, λέγουσι.

C'est un idiotisme français et grec à la fois que l'usage d'un infinitif de forme active pour exprimer indifféremment un sens actif ou un sens passif : καλὸν ὁρᾶν, *beau à voir;* et c'est un idiotisme latin que d'employer pour ces tournures le *supin* qui est une forme verbale étrangère au grec comme à la langue française.

Le grec, le latin et le français ont aussi quelques figures de syntaxe qui leur sont communes. Par exemple, la construction que les Grecs appellent πρὸς τὸ σημαινόμενον, ou, plus brièvement, σύλληψις, *syllepse*, consiste à faire accorder grammaticalement un mot avec le sens et non avec la forme du mot auquel il se rapporte. On lit dans Homère : ὣς φάσαν ἡ πληθύς (mot mot : *ainsi parlaient* ou *parlèrent la foule*); dans Virgile :

> Pars in frusta secant verubusque trementia figunt.

et dans Racine :

> Entre *le pauvre* et vous, vous prendrez Dieu pour juge,
> Vous souvenant, mon fils, que caché sous ce lin,
> Comme *eux* vous fûtes pauvre, et comme *eux* orphelin.

Ce n'est pas là seulement une hardiesse poétique. Salluste a écrit : *Interea* SERVITIA *repudiabat*, CUJUS *initio ad cum magnæ copiæ concurrebant* (*a*), et, en français, on dit, dans le langage vulgaire : *La plupart des hommes pensent*, pour *la plus grande partie des hommes pense*, etc.

L'exercice journalier de la lecture et de l'explication des auteurs fournira beaucoup d'occasions d'étendre et de compléter cette nomenclature.

CHAPITRE XX.

DES SYNONYMES.

Quand deux ou plusieurs mots, absolument semblables pour la forme, ne diffèrent que par le sens, on les appelle *homonymes* (ὁμώνυμα). Deux ou plusieurs mots différents pour la forme, mais qui expriment le même sens et qui peuvent être employés indifféremment l'un pour l'autre, s'appellent des *synonymes* (συνώνυμα) [77].

Dans l'histoire, les noms propres, comme *Alexandre*, *Philippe*, *Louis*, etc., sont des homonymes qu'on a besoin de distinguer par des chiffres, par des prénoms ou par des surnoms, pour qu'ils offrent à l'esprit l'idée d'un personnage déterminé. Les autres classes de mots offrent aussi des exemples d'homonymie. En grec, φίλου, impératif présent passif de φιλέω—ῶ et φιλοῦ, génitif de φίλος; en latin, *amor*, première personne de l'indicatif présent passif de *amare*, et *amor*, nom commun; en français, malgré une légère différence de prononciation, *bois* lieu

(*a*) Homère, *Iliade*, II, 278; Virgile, *Énéide*, I, 212; Salluste, *Catilina*, chap. LVI; Racine, *Athalie*, acte IV, sc. III.

planté d'arbres, et *bois* impératif présent de *boire*; *louer*, prendre à location, et *louer*, donner des éloges. Ce sont là des coïncidences fortuites, quelquefois gênantes dans la pratique d'une langue, mais qui ne se rattachent à aucun principe digne d'être spécialement étudié.

Il n'en est pas de même des synonymes.

Les noms Πηλείων et Πηλειάδης, *Geryon*, *Geryones* et *Geryoneus*, et, en français, *Benoît* et *Bénédict* sont de véritables synonymes, absolument indifférents pour le sens; on pourrait toujours les prendre l'un pour l'autre, s'il ne fallait souvent, dans les vers et même dans la prose, tenir compte du nombre des syllabes et de leur harmonie.

Les mots grecs χόλος et μῆνις, et les mots latins *breviarium* et *summarium*; en français, *hypothèse*, qui nous vient du grec, et *supposition*, qui nous vient du latin; *pénultième* qui nous vient du latin, et *avant-dernier* qui est de composition toute française; *phlébotomie*, que nos médecins ont emprunté aux Grecs, et *saignée*, qui vient indirectement du latin *sanguis*, etc., sont aussi de véritables synonymes; mais on peut dire qu'ils font double emploi dans la langue, où d'ailleurs ils sont entrés, si l'on peut dire ainsi, de deux côtés différents. Tous les synonymes de ce genre que renferme le vocabulaire des sciences y sont, à bon droit, considérés comme un embarras ou comme une richesse inutile. Il ne sert de rien à un mathématicien de pouvoir désigner la même figure par deux mots différents, ni à un chimiste d'avoir deux ou trois noms pour le même corps. Au contraire, cette prétendue abondance ne peut que prêter à la confusion et à l'erreur.

Le style oratoire et poétique, n'ayant pas la même rigueur que la langue scientifique, admet volontiers l'usage des synonymes. Il se sert avec avantage de ces mots « dont le sens a de grands rapports et des différences légères, mais réelles, » selon la définition d'un écrivain français[78].

Ainsi θυμός et ὀργή peuvent être, sans inconvénient, employés l'un pour l'autre ; seulement le premier est un peu plus poétique que le second. Τέμενος et ναός ne doivent pas être confondus par un géographe ou par un archéologue, dans la description d'un lieu consacré à quelque Dieu ; car ναός désigne surtout le temple même, l'édifice, et τέμενος l'enceinte et le territoire sacré où cet édifice est construit. Mais en poésie cette distinction n'a pas d'importance, et les deux mots sont purement synonymes. De même, en latin, la poésie emploie l'un pour l'autre les mots *cervix* et *caput*, quoique le premier signifie particulièrement le *cou*, la *nuque*, et l'autre la *tête* ; dans une définition de médecine ou d'anatomie, on n'aurait pas la même liberté. *Gyrus* et *orbis* renferment tous deux une idée commune, celle d'un cercle, d'une ligne ou d'une forme circulaire ; mais *gyrus* s'applique particulièrement au chemin circulaire suivi par un char ou par un cheval dans l'hippodrome ou dans le manége ; *orbis* a un sens plus général, il s'applique à la circonférence d'une planète comme à sa marche circulaire autour d'un centre. On peut donc souvent mettre *orbis* à la place de *gyrus* dans un vers ; mais on ne peut guère mettre *gyrus* à la place de *orbis*.

Ordinairement, le mot dont le sens est plus général prend volontiers, en poésie, la place du mot dont le sens est plus particulier ; mais le mot particulier ne prend pas aussi facilement la place du mot général. Ainsi, en français, on dira *la matière* pour *le corps*, si on veut mettre cette idée en opposition

avec celle de l'*âme;* mais on ne dira pas aussi facilement *le corps* au lieu de *la matière.* Par exemple de
ce qu'on aura dit : « *L'homme se compose d'âme et de
matière* » pour « *l'homme se compose d'une âme et d'un
corps* » il ne s'ensuit pas que l'on puisse dire « *les
organes de la matière ;* » ici, c'est le mot *corps* qu'il
faut employer, parce que la matière n'est pas toujours
organisée, n'a pas toujours des *organes,* ce qui est le
propre des corps. Autre exemple : *quadrupède* est,
dans le style fleuri, un synonyme de *cheval ;* mais
cheval ne peut pas être mis à la place de *quadrupède.*

Cette observation nous conduit à une autre plus
importante sur les trois langues que nous avons à
comparer.

Ouvrons, au hasard, un chant de l'*Iliade,* et essayons d'en remettre en prose quelques vers ; nous
verrons que presque à chaque mot du poëte répond
une expression plus simple, plus usitée dans la langue vulgaire. Il existe aujourd'hui deux de ces paraphrases prosaïques de l'Iliade[79] où se montre très-
clairement ce contraste du vocabulaire de la prose et
du vocabulaire de la poésie. L'exemple que je vais
transcrire suffira pour en donner une idée :

Μῆνιν ἄειδε, Θεά, Πηληϊάδεω Ἀχιλῆος
Οὐλομένην, ἣ μύρι᾽ Ἀχαιοῖς ἄλγε᾽ ἔθηκε,
Πολλὰς δ᾽ ἰφθίμους ψυχὰς Ἄϊδι προΐαψεν
Ἡρώων, αὐτοὺς δὲ ἑλώρια τεῦχε κύνεσσιν
Οἰωνοῖσί τε πᾶσι · Διὸς δ᾽ ἐτελείετο βουλή,
Ἐξοῦ δὴ τὰ πρῶτα διαστήτην ἐρίσαντε
Ἀτρείδης τε ἄναξ ἀνδρῶν καὶ δῖος Ἀχιλλεύς.

Paraphrase en prose : Τὴν ὀργὴν εἰπέ, ὦ Θεά, τοῦ υἱοῦ Πηλέως,
τοῦ Ἀχιλλέως τὴν ὀλεθρίαν, ἥτις πολλὰ τοῖς Ἕλλησι κακὰ εἰργάσατο,
πλείστας δὲ γενναίας ψυχὰς τῷ Ἅδῃ παρέπεμψε τῶν ἡμιθέων ἀνδρῶν, τὰ
δὲ σώματα αὐτῶν ἑλκύσματα ἐποίησε τοῖς κυσὶ καὶ τοῖς σαρκοφάγοις
ὄρνισιν ἅπασιν. Ἡ τοῦ Διὸς δὲ ἐπληροῦτο βουλή, ἀφ᾽ οὗ δὴ χρόνου τὴν

ἀρχὴν διέστησαν φιλονεικήσαντες ὁ τοῦ Ἀτρέως παῖς Ἀγαμέμνων ὁ βα-
σιλεὺς καὶ ὁ ἔνδοξος Ἀχιλλεύς.

Le contraste serait déjà moins sensible dans une traduction de quelque dialogue d'Eschyle ou d'Euripide, parce que les tragiques se rapprochent volontiers du style de la conversation. Mais, en général, on dirait qu'il y avait chez les Grecs deux langues différentes, et également riches, l'une à l'usage des poëtes, l'autre à l'usage des prosateurs ; et la langue poétique à elle seule possédait une grande variété de synonymes, qu'augmentait encore la diversité des dialectes.

Quintilien conseillait à ses élèves, comme un exercice utile, de traduire des vers en prose[80]. On peut faire cette expérience sur quelques vers de Virgile, on trouvera que, chez les Latins, la différence des deux styles est moindre que chez les Grecs. Horace cependant l'avait bien sentie, lorsqu'il comparait le style familier (*sermoni propiora, sermo merus*) de ses Satires, qui n'ont guère de poétique que le mètre, et le haut style de la poésie, où l'on retrouve toujours, même après avoir brisé le mètre, les débris dispersés d'un poëte :

Invenies etiam disjecti membra poetæ (*a*).

Mais que l'on essaye la même épreuve sur une page de Corneille et de Racine, par exemple sur la première tirade d'*Athalie*, on verra que, pour la mettre en prose, il suffit de rompre la division des vers, de détruire quelques inversions, de replacer quelques adjectifs après leurs substantifs, et, plus rarement, de substituer à quelque mot poétique le synonyme en usage dans la prose.

(*a*) Horace, *Satires*, I, IV, 42, 48 et 62.

La haute poésie française se refuse à employer certains mots comme trop vulgaires; elle ne dira pas *content* pour *heureux*, *narration* pour *récit*, *paysan* pour désigner un habitant de la campagne; mais elle manque souvent d'un terme poétique pour exprimer noblement les idées simples, et alors elle est obligée de recourir à une périphrase. Voltaire, un jour, ayant eu à nommer un *ramoneur*, s'est cru obligé de remplacer ce mot par quatre vers. Homère, dans *l'Iliade*, compare Ajax avec un *âne* que les laboureurs chassent d'un champ (a); cet âne a causé beaucoup d'embarras aux traducteurs français; et ce n'est pas sans peine que l'on s'est résigné à l'appeler tout simplement par son nom dans la traduction, comme il est nommé dans l'original. C'est là un défaut réel de notre poésie. Elle exclut beaucoup de termes en usage dans la prose, mais elle n'a que rarement pour les remplacer des mots qui y répondent avec un sens plus noble et une forme plus harmonieuse. Voici pourtant quelques exemples de ces synonymes : *Valeureux* pour *courageux*, *vaillance* pour *valeur*, *coursier* pour *cheval*, *antique* pour *ancien*, etc. Encore faut-il remarquer que souvent le mot de la prose peut trouver place en poésie, surtout s'il y est habilement enchâssé parmi d'autres expressions qui le relèvent. C'est ainsi que Racine fut fort loué par les critiques de son temps, pour avoir introduit avec bonheur le mot *chien* dans cette phrase d'Athalie :

Et je n'ai plus trouvé qu'un horrible mélange
D'os et de chairs meurtris, et traînés dans la fange,
Des lambeaux pleins de sang et des membres affreux
Que des *chiens* dévorants se disputaient entre eux.

(a) *Iliade*, XI, 557.

L'étude des synonymes nous fait donc voir une grande différence entre les trois langues classiques ; elle nous explique comment chez les Grecs l'admirable richesse du vocabulaire poétique, augmentée encore par la variété des formes grammaticales, se prêtait sans effort à toutes les variétés de la versification. Moins riche à cet égard, la langue latine se créa, peu à peu, soit par des emprunts, soit par des imitations indirectes de la poésie grecque, une partie des ressources qui lui manquaient ; mais elle se ressentit toujours un peu de son indigence primitive. Enfin la poésie française, presque entièrement dépourvue d'une langue particulière et appropriée à ses besoins, ignorant d'ailleurs ces combinaisons de brèves et de longues sur lesquelles repose l'harmonie du vers grec et latin, réduite à compter les syllabes et à lier les vers l'un à l'autre par la ressemblance ou la différence des sons, en alternant des rimes masculines et féminines, semble compter davantage sur la force et la beauté des idées qu'elle exprime. Ayant à compenser de tels défauts et à vaincre de telles difficultés, il n'est que plus remarquable que notre poésie ait produit tant de chefs-d'œuvre comparables aux modèles des littératures anciennes [81].

Un autre avantage attaché à l'étude des synonymes, c'est de comprendre mieux le vrai sens des mots par la comparaison et par l'appréciation des nuances qui les distinguent. Aussi le premier ouvrage qui fut écrit en français sur ce sujet, le petit livre de l'abbé Girard, publié en 1718, souvent reproduit et augmenté depuis [82], portait-il avec raison le titre suivant : *La Justesse de la langue française.* On ne parle justement une langue que si l'on sait avec précision les acceptions diverses de chaque terme, les échanges permis ou défendus entre des termes voisins, enfin

la distinction des différents styles de la prose et de
la poésie.

CHAPITRE XXI.

DE L'ÉTYMOLOGIE. MONTRER PAR DE NOMBREUX EXEMPLES
DE MOTS FRANÇAIS TIRÉS DU GREC ET DU LATIN QUELLE
UTILITÉ PEUT OFFRIR L'ÉTYMOLOGIE POUR PARLER NOTRE
LANGUE AVEC PRÉCISION ET POUR EN RÉGLER L'ORTHO-
GRAPHE.

§ 1. De l'étymologie chez les Grecs et chez les Romains.

L'analyse grammaticale qui décompose les mots
pour remonter, s'il est possible, à leur origine, pour
en déterminer la forme primitive et le vrai sens, s'appelle *étymologie* (ἐτυμολογία, de ἔτυμος, *vrai*; en latin,
veriloquium). Un peuple qui, comme les Grecs, ne
connaît que sa propre langue, ne peut guère rechercher au delà l'étymologie des mots dont il se
sert. Le dialogue de Platon intitulé *Cratyle*, renferme
sur ce sujet une foule d'analyses et de conjectures
ingénieuses, mais presque toujours fausses, et qui
témoignent d'une grande inexpérience grammaticale. A vrai dire, la science étymologique a fait peu
de progrès dans les écoles grecques, même lorsque les autres parties de la grammaire s'y étaient
fort développées. D'une part, les grammairiens et les
philosophes ne savaient pas se résigner à ignorer
certaines origines tout à fait insaisissables à l'observation; et, d'autre part, dans leur obstination à dé-
couvrir ces origines, ils ne savaient pas sortir de
la langue hellénique pour chercher dans quelque
idiome plus ancien la raison des faits que le grec
ne pouvait à lui seul expliquer [83].

L'utilité des comparaisons, en matière d'étymologie, fut un peu mieux connue des grammairiens romains. Ceux-ci, en effet, trouvaient dans la langue latine des mots évidemment empruntés aux vieux idiomes de l'Italie, et d'autres mots dont les racines étaient évidemment grecques. Par exemple, dans *soll-ers* ou *sol-ers*, dans *soli-taurilia*, il leur était facile de reconnaître un mot osque *solus* ou *sollus* signifiant *tout entier*; le mot *catus* (habile) leur venait des Sabins, etc.; les noms de nombre, comme *septem*, *octo*, *decem* se rattachaient sans peine aux noms grecs correspondants ἕπτα, ὀκτώ, δέκα. Quelquefois même, ils ont pénétré plus avant dans ces comparaisons. Ainsi, l'un d'eux a reconnu que *somnus* était primitivement identique au grec ὕπνος (*sypnus-supnus- sumnus-somnus*), et par conséquent offrait la même racine que *sopor*, *sopire*, etc. (a) Mais quelle que soit en cela leur supériorité sur les Grecs, les Romains ne paraissent pas avoir jamais soumis l'étymologie à une méthode vraiment critique. Ils en disputaient un peu au hasard, tantôt devinant avec bonheur l'origine d'un mot obscur, tantôt imaginant un rapport secret entre les lettres et les idées, et accordant à l'harmonie imitative ou à ce qu'on appelle aujourd'hui *onomatopée* (ὀνοματοποιΐα, formation ou fabrication de mots) une importance fort exagérée dans l'imposition des mots. Ainsi Varron, le plus savant des étymologistes latins, explique justement le latin *comissare* par le grec κῶμος d'où κωμάζειν; ou bien *bos*, par le grec βοῦς; *ovis*, par le grec οἶς, etc. Il signale avec raison *hinnire*, *ululare*, *balare*, etc., comme des mots formés par onomatopée, à l'imitation des cris qu'ils expriment; il dérive sans peine *cogere*, *cogitare*, etc., de *cum* et

____

(a) Aulu-Gelle, *Nuits Attiques*, XIII, 9.

agere; vehiculum, de *vehere*, et autres semblables. Mais il s'égare dans une suite d'explications puériles sur des mots qu'il fallait renoncer à expliquer avec les seules ressources du dictionnaire grec et du dictionnaire latin. Par exemple, il prétend que *loqui* vient de *locus*, parce que celui qui ne sait pas mettre les mots à leur place ne sait pas *parler*; que *metuere* (craindre) vient de *motus*, à cause du mouvement que fait l'âme pour s'écarter de l'objet qu'elle craint, etc. Il paraît à peine soupçonner que les lettres se transforment et que les flexions se dérivent l'une de l'autre d'après certaines lois qui doivent diriger l'étymologiste dans la recherche des racines et de leur sens primitif[84]. Il ne distingue pas, parmi les mots latins analogues ou semblables à des mots grecs, ceux qui viennent de la Grèce par voie d'emprunt réfléchi, et ceux qui ressemblent à des mots grecs pour avoir originairement la même racine. Ces deux classes de mots sont pourtant assez distinctes par elles-mêmes, comme on va le voir dans les listes suivantes :

1° Mots latins qui ont une origine commune avec les mots grecs correspondants :

Deus — θεός,
silva — ὕλη, dorien ὕλα,
vorare — βορά, βιβρώσκω,
bibere et *potus* — πίνω, futur πιοῦμαι, parfait πέπωκα,
sum, esse (manger) — ἐσθίω, futur ἔδοῦμαι,
arare, aratrum, arvum, — ἀροῦν, ἄροτρον, ἄρουρα,
sudor, sudare — ἱδρώς, ἱδρόω-ῶ,
dare, donum — δίδωμι, δόσις, δῶρον,
pango, pepigi, pactus — πήγνυμι, aor. 2 ἐπάγην,
genus, gigno (pour *gi-geno*) — γένος, γίγνομαι (pour γι-γένομαι),

orbus — ὀρφανός,
ambo — ἄμφω,
latere — λανθάνω, aor. 2 ἔλαθον.

2° Mots empruntés par les écrivains latins à la langue grecque :

philosophus, philosophia — φιλόσοφος, φιλοσοφία,
ephippium — ἐφίππιον,
theatrum, amphitheatrum — θέατρον, ἀμφιθέατρον,
hippodromus — ἱππόδρομος,
geographia — γεωγραφία,
hexameter — ἑξάμετρος,
syllaba — συλλαβή,
monosyllaba (vocabula) — μονοσύλλαβα,
iambus — ἴαμβος,
grammaticus — γραμματικός.

Et ainsi presque tous les mots utiles ou nécessaires dans le langage des arts et des sciences.

En comparant ces deux listes, il est facile de voir que, dans la première, le mot latin diffère notablement du mot grec dont il reproduit cependant et le sens et la racine; dans la seconde, au contraire, le mot latin reproduit le mot grec comme un calque fidèle : c'est que la première classe de mots provient d'un travail tout populaire et irréfléchi, tandis que l'autre provient du travail des savants et des littérateurs romains qui cherchaient dans la langue grecque de quoi suppléer à l'indigence de leur langue maternelle, et qui *transcrivaient* les mots grecs en lettres latines, avec toute l'exactitude qui leur était possible. La première classe de mots prouve clairement que les Grecs et les Romains ont une même origine; elle le prouve d'autant mieux, que tous ces mots expriment des idées élémentaires et usuelles, et appartiennent nécessairement au fond primitif de la langue. La seconde classe, au contraire, prouve simplement que les Romains, s'étant plus tard rapprochés de la Grèce et de sa littérature, lui ont fait, avec réflexion, beaucoup d'emprunts pour compléter leur vocabulaire technique.

Sans pénétrer fort avant dans l'étymologie latine, on peut donc en tirer déjà des conséquences aussi utiles qu'intéressantes sur l'histoire du peuple romain et de ses rapports avec l'Orient et la Grèce.

§ 2. De l'étymologie dans la langue française. —
Aperçu historique.

L'étymologie, dans notre langue, est restée longtemps livrée aux conjectures et à l'esprit de système[88]. C'est seulement depuis un demi-siècle que, par les progrès de la philologie comparée, l'étymologie des mots français a été soumise à une méthode vraiment scientifique. Nous ne pouvons entrer dans le détail de ces recherches; mais nous pouvons signaler, du moins, quelques règles de classification et d'analyse.

Le plus grand nombre des mots français sont dérivés du latin; mais ils en sont dérivés par deux voies différentes. Les uns sont devenus français par un travail de transformation toute populaire et irréfléchie; les autres, par un travail d'imitation savante.

1° Mots français tirés du latin par voie d'altération :

nier de *negare*,
clore de *claudere*,
douter, autrefois *doubter*, de *dubitare*,
châtier, autrefois *chastier*, *chatoyer*, de *castigare*,

larron, de *latro*, ou plutôt de *latronem*,
couronne, de *corona*,
voiture, de *vectura*,
étoile, autrefois *estoile*, de *stella*,
dette, autrefois *debte*, de *debitum*,
hors, autrefois *fors*, de *foris*,
dîme, autrefois *dixme*, de *decima*.

Quelques mots de cette classe sont même venus du grec par l'intermédiaire d'une transcription latine usitée dans les bas-siècles de l'empire romain et au moyen âge. Par exemple :

Pentecoste ou *Pentecôte*, le cinquantième jour après Pâques, de *pentecosta*, ἡ πεντακοστή (ἡμέρα),
homélie de *homilia*, ὁμιλία, réunion, assemblée, discours prononcé dans une réunion, ou une assemblée de chrétiens.
église, de *ecclesia*, ἐκκλησία,
aumône, de *eleemosyna*, ἐλεημοσύνη.

2° Mots empruntés aux latins par les littérateurs et les savants :

radiation, de *radiatio*, action de *rayer*,
véhicule, de *vehiculum*,
pudeur, de *pudor*,
perception, de *perceptio*,
exciper, de *excipere*,
délibérer, de *deliberare*,
sénatus-consulte, de *senatusconsultum*,
plébiscite, de *plebiscitum*, etc.

Dans cette classe, on remarquera que la terminaison seule du mot latin est altérée pour s'accommoder aux usages de notre langue; dans l'autre, au contraire, le radical et la terminaison sont quelquefois altérés à tel point, qu'il faut une grande attention pour retrouver l'origine du mot. Par exemple, *jour* vient certainement de *dies*, mais par l'intermédiaire de l'adjectif *diurnus*, devenu en italien *djorno, giorno*, ce qui nous explique très-bien les mots *journée, journal, journalier*.

Par une coïncidence, qui étonne d'abord, mais dont les exemples abondent, le même mot latin se trouve avoir produit en français deux dérivés : l'un populaire, et qui se rangerait dans notre première classe, l'autre plus régulier et qui se rangerait dans la seconde. Ainsi :

Augustus a produit *août* et *auguste*,
ratio — *raison* et *ration*,
potio — *poison* et *potion*,
securitas — *sûreté* et *sécurité*,
caritas — *cherté* et *charité*,
porticus, — *porche* et *portique*,
redemptio — *rançon* et *rédemption*
inclinatio — *inclinaison* et *inclination*,
scandalum — *esclandre* et *scandale*,
parabola — *parole* et *parabole*,
calculus — *caillou* et *calcul*,
rhythmus — *rime* et *rhythme*,
acer, acris — *aigre* et *âcre*,
directus — *droit* et *direct*,
liberare — *livrer* et *libérer*,
separare — *sevrer* et *séparer*,
auscultare — *écouter* et *ausculter*,
periclitare — *périller* (vieux français) et *pericliter*,
quadragesima — *caresme, carême (quaresme)* et *quadragésime*.

On remarquera encore dans la liste qui précède,

la différence du procédé populaire et du procédé savant pour la dérivation des mots : l'un est plus hardi, et défigure souvent le mot original jusqu'à permettre à peine de le reconnaître sous sa nouvelle forme ; l'autre nous en donne presque toujours une simple transcription où la syllabe finale est seule changée pour s'accommoder aux règles de la grammaire française.

Quelquefois aussi le même mot latin a produit deux et jusqu'à trois dérivés de forme également populaire. Exemples : *coupe* et *cuve*, du latin *cupa*; *bois*, *buis* et *bûche*, du latin *buxus* (italien *bosco*); *noir* et *nègre* de *niger*; *créance* et *croyance* de *credere*; *loger* et *louer*, de *locare*. Dans tous ces cas, les deux dérivés diffèrent ordinairement par le sens non moins que par la forme ; de sorte que notre langue s'est réellement enrichie par ce double travail de dérivation.

Quelquefois aussi la contraction que les mots latins ont subie pour devenir des mots français, a confondu sous une forme commune deux dérivés de primitifs très-distincts. Par exemple : *louer*, venant de *laudare* ou de *locare* ; *cru*, de *crudus*, et *cru* de *creditus*; *pécher* de *peccare*, et *pêcher* de *piscari*, sans compter *pêcher*, l'arbre qui porte des pêches, *mala persica;* dans ce dernier exemple, l'accent circonflexe est le seul indice qui reste d'une différence étymologique.

Les résultats de ces rapprochements s'accordent très-bien avec l'histoire de notre langue, où nous distinguons, en effet, deux périodes : l'une de formation toute irréfléchie et populaire ; l'autre pendant laquelle les savants et les lettrés travaillèrent, avec plus ou moins de bonheur, à compléter et à corriger l'œuvre de formation primitive.

7

D'un autre côté, dans le désordre apparent de ce travail d'où notre langue est sortie, une observation attentive reconnaît quelques lois qui se sont appliquées avec une véritable régularité[86]. La plus frappante de ces lois est la contraction des syllabes qui avoisinent la syllabe accentuée ; nous l'avons déjà signalée plus haut, dans le chapitre de l'accentuation.

On a pu remarquer aussi, dans divers exemples cités plus haut, le changement du *c* en *ch*, que présentent un si grand nombre de mots :

chèvre	de *capra,*	—	*cheveu,* de *capillus,*
chef	de *caput,*	—	*cheval,* de *caballus,*
chaleur	de *calor,*	—	*chenal,* de *canalis,*
cher	de *carus,*	—	*chanvre,* de *cannabis,*
chair	de *caro,*	—	*tricher,* de *tricare,*
choir	de *cadere,*	—	*pécher,* de *piscari,*
changer	de *cambire,*	—	*pécher,* de *peccare,* etc.

Voici une autre règle, plus subtile et dont la raison nous échappe : c'est la substitution apparente du *g* au *d* dans tous les mots suivants :

oindre venant	de *ungere,*	
joindre	—	de *jungere,*
peindre	—	de *pingere,*
teindre	—	de *tingere,*
éteindre	—	de *extinguere,*
étreindre	—	de *stringere,*
enfreindre	—	de *infringere,*
poindre	—	de *pungere.*

Le hasard seul n'a pas pu produire de telles coïncidences; il y faut reconnaître l'action secrète et comme instinctive d'une habitude particulière aux peuples qui ont transformé la langue latine et en ont fait une langue nouvelle à leur propre usage.

Un grand nombre de mots latins, avant de prendre la forme française qu'ils ont aujourd'hui, en ont eu longtemps une intermédiaire soit dans le dialecte du nord de la France, soit dans le dialecte du midi. Voici des exemples où le mot provençal tient juste le milieu entre le latin et le mot français.

aperire	— *ubrir*	— *ouvrir,*
aprilis	— *abril*	— *avril,*
concipere	— *concebre*	— *concevoir,*
juniperus	— *genibre*	— *genièvre,*
recuperare	— *recobrar*	— *recouvrer,*
separare	— *sebrar*	— *sevrer,*
sapa	— *saba*	— *séve,*
saporem	— *sabor*	— *saveur,*
nepotem	— *nebot*	— *neveu.*

Ces exemples suffisent pour montrer comment une lettre latine, le *p*, en s'adoucissant, est d'abord un *b*, puis un *v*, à cause de la grande analogie de ces deux lettres dans la prononciation des peuples méridionaux. On voit aussi, par de tels rapprochements, que le latin n'est pas devenu subitement, mais par de longues transitions, la langue que nous parlons aujourd'hui.

Quelquefois la transition s'est faite par l'intermédiaire de mots latins, surtout de diminutifs, inusités ou peu usités dans le latin classique, mais d'un usage plus fréquent dans le latin populaire de la décadence. Exemples :

aiguille,	de *acicula,*	diminutif de *acus,*	
anguille,	de *anguicula*	—	*anguis,*

abeille, de *apicula*   diminutif de *apis*,
oreille, de *auricula*   —   *auris*,
grenouille, de *ranunculus*   —   *rana*,
goulpil et *goupil* (anc. fr. pour *renard*), de *vulpi-
    cula* ou *vulpecula*   —   *vulpes*,
fenouil, de *fœniculum*   —   *fœnum*.

L'exemple de la langue italienne a contribué aussi, surtout durant le xvie siècle, à introduire dans le français un grand nombre de diminutifs, qui n'ont pas tous survécu. Exemples : *fleurette*, de *fioretto*; *levrette*, de *lepretta*; *livret*, de *libretto*, etc.

Quant aux mots d'origine grecque, celtique, germanique ou arabe, ils sont en petit nombre dans le fond primitif de notre langue, et l'étymologie n'en a pas toujours été recherchée avec la même précision que pour les mots d'origine latine.

Voici pourtant, comme exemples de ces emprunts faits à d'autres langues que le latin, une liste de mots français dont l'origine germanique n'est pas douteuse :

forst nous a donné *forêt* (autrefois *forest*),
hütte — *hutte*,
herbergen — *héberger*,
marshall (de *mar*, cheval, et *schalk*, serviteur) — *maréchal*,
burg (d'abord *montagne*) — *bourg* (lieu enclos et fortifié),
glocke (anc. allem. *chloccha*) — *cloche*,
gabe (don) — *gabelle*,
sauer (acide) — *sur*.
garten — *jardin*,

On peut aussi distinguer sans peine dans notre

langue quelques mots empruntés à la langue arabe,
et presque tous reconnaissables à l'article *al*, que
l'usage n'en a pas séparé : *alcoran, alcool, alcali, al-
cade, alcôve.*

De même que dans le latin, nous avons distingué des mots d'origine primitivement grecque, et
des mots tirés du grec par voie d'imitation savante,
de même en français, à côté de quelques mots grecs
introduits chez nous sous une forme latine, on en
trouve un grand nombre que les savants ont pris
dans la langue grecque pour l'usage des sciences
physiques et mathématiques, ou qu'ils ont forgés
avec des mots grecs et quelquefois par la réunion
d'un mot grec avec un mot français pour exprimer
quelque invention de la science ou de l'industrie
moderne. Les termes de ce genre se distinguent
d'ordinaire des mots grecs introduits par la tradition
populaire, en ce que ceux-ci sont plus altérés, et
véritablement *francisés*, tandis que les autres n'ont
guère de français que les lettres avec lesquelles nous
les écrivons et, tout au plus, une terminaison conforme aux règles de notre grammaire. Il est presque
inutile de citer ici des exemples, tant ils abondent
dans l'usage. Presque tous les termes d'arithmétique
et de géométrie, à commencer par les noms mêmes
de ces deux sciences, sont des noms grecs avec une
désinence à la mode française. *Syntaxe, analyse, synthèse,* et tant d'autres termes techniques employés
dans le cours de ce livre, ont la même origine. La
liste seule de ces mots forme, dans le dictionnaire de
notre langue, comme un vocabulaire distinct, et où
tous les termes sont reconnaissables à leur physic-
nomie plus grecque que française. On les retrouve,
à peu près en même nombre dans toutes les langues
modernes; ils forment, pour ainsi dire, la langue

commune aux savants de tous les pays; mais ils ne peuvent entrer dans les compositions littéraires sans en altérer beaucoup le caractère national. Au XVIe siècle, le poëte Ronsard, pour avoir voulu introduire violemment dans notre langue poétique une foule de composés grecs, a fait grand tort à son propre talent. Le bon sens et le goût public ont protesté contre cette innovation ridicule, et pendant plus d'un siècle Ronsard n'a guère été connu que par les critiques de Boileau, quoiqu'il ait d'ailleurs écrit quelques belles pages dignes de la postérité.

D'un autre côté, les savants eux-mêmes n'ont pas toujours puisé avec discrétion à cette source féconde que leur ouvrait la langue grecque pour enrichir le vocabulaire des sciences. Par exemple, les mots grecs appliqués, vers la fin du XVIIIe siècle, au nouveau système métrique, sont presque tous d'une formation irrégulière : *décimètre* est moitié grec, moitié latin ; *décamètre*, qui y correspond, est seul formé d'après les règles de la langue grecque. *Myriamètre*, qu'on a jeté dans le même moule que *décamètre*, est un barbarisme; il fallait dire *myriomètre*, comme on disait en grec μυριόκαρπος, et comme nous disons *thermomètre*. *Kilomètre*, pour *chiliomètre*, ne vaut pas mieux que *myriamètre*. *Gramme*, qui veut dire *ligne*, est un mot fort mal choisi pour l'idée qu'on lui a fait exprimer, etc. L'usage a passé sur toutes ces erreurs et les a si bien consacrées qu'elles sont aujourd'hui irréparables [87].

Une conséquence moins grave du double procédé, tantôt populaire, tantôt savant, qui fait passer dans notre langue des mots provenant des langues anciennes, c'est que souvent, dans une série de mots français qui ont la même racine, les uns ont suivi la dérivation populaire, les autres la dérivation savante. Nulle part le caprice de l'usage ne s'est donné plus libre cours. En voici quelques exemples :

opera — *œuvre* et *ouvrage* — *opérer, coopérer,*
pauper — *pauvre* et *pauvreté* — *paupérisme,*
capillus — *cheveu* et *chevelu* — *capillaire,*
percipere — *percevoir* — *perception,*
recipere — *recevoir* — *réception,*
maledicere — *maudire, maudisson* (subst. vieux fr.)
   — *malédiction,*
frigus — *froid, froidure* et *refroidir* — *réfrigérant,*
radius — *rais* (vieux fr.), *rayon, rayer* et *rayonner*
   —*radiation,*
flammare — *flamber* — *enflammer, inflammation,*
heres, exheredare — *hoir* (vieux fr.), *héritier* et *dés-*
   hériter — *exhédérer,*
genus, generis — *genre* — *générique, général,*
magister — *maître* — *magistral,*
primarius — (ital. *primero*) *premier* — *primaire,*
nuptiæ — *noces* — *nuptial.*

De même, pour les mots tirés du grec :

σύνταξις — *syntaxe, syntaxique* au lieu de *syntac-*
   tique de συντακτικός,
ἐκκλησία — (*ecclesia*), *église* — *ecclésiastique,*
ἐπίσκοπος — *évêque* — *épiscopal,*
θεολογία — *théologie, théologien,*
φιλολογία — *philologie, philologue,*
ἀρχαιολογία — *archéologie, archéologue,*
πλεῦρα — *plèvre* — *pleurésie.*

Ces deux derniers mots nous offrent même l'exemple d'une irrégularité qu'il faut signaler. Au XVIe siècle encore, le grec se prononçait en France comme chez les Grecs de l'Orient; aussi plusieurs des mots grecs introduits alors dans notre langue, soit directement, soit par l'intermédiaire du latin, s'écrivent-ils selon la prononciation vulgaire : *Évangile* de εὐαγγέλιον, ou plutôt de *evangelium*, transcription usitée au moyen âge; *Évandre* de *Evander*, Εὔανδρος; *ithos*, terme de rhétorique, pour ἦθος, et, dans les prières de l'Église, *kyrie eleïson* pour κύριε ἐλέησον.

§ 3. De l'utilité de l'étymologie pour bien parler et pour bien écrire la langue française.

Les tableaux étymologiques contenus dans le paragraphe précédent ont avant tout, pour objet, de faire voir de quelle manière s'est formée notre langue; mais ils peuvent avoir une autre utilité. D'abord, en étudiant le mot à son origine dans une langue ancienne, nous en comprenons mieux le sens et nous pouvons ainsi nous en servir avec plus de discernement; en second lieu, nous en pouvons presque toujours déterminer l'orthographe avec certitude. Après les développements donnés plus haut, il peut suffire d'analyser ici quelques exemples pour montrer l'utilité pratique de l'étymologie. Ainsi, on a proposé d'écrire *plurier* comme *singulier*. Mais de *pluralis* est venu *pluriel*, comme de *singularis* est venu *singulier*; l'orthographe usuelle se justifie donc par l'étymologie. *Savoir* s'est longtemps écrit en français *sçavoir*, parce qu'on le croyait dérivé de *scire*, mais il vient de *sapere*, provençal *saber*, et l'on a bien fait de supprimer le *c* qui, dans ce mot, n'est qu'une lettre parasite. Au contraire, *sceau*, dont nous dérivons *sceller*, vient de *sigillum*, en vieux français *séel*, par un changement de la finale qui est encore usité dans les pluriels de nos mots terminés en *l*; il vaudrait mieux écrire *seau* comme on écrivait encore au XVIe siècle ; et, par conséquent, *seller*. Mais comme nous avons déjà *seau*, contracté de *situla*, pour désigner un vase à puiser de l'eau et, en outre, *seller*, venant de *selle* (*sella*, selle de cheval), il convient de se résigner à une irrégularité d'orthographe qui rend plus facile la distinction de ces divers mots.

On a longtemps écrit en vieux français *estoire*, *istoire*, *istoyre*, ce que nous écrivons aujourd'hui plus exactement *histoire*, de *historia*, ἱστορία. On a longtemps aussi confondu dans la prononciation et dans l'écriture *recouvrer* (rentrer en possession de), qui vient de *recuperare*, et *recouvrir*, qui, venant de *couvrir*, remonte à *cooperire*. Le célèbre Vaugelas se résignait à cette confusion, tout en la déplorant ; il aurait, aujourd'hui, le plaisir de voir que la distinction formelle des deux mots a prévalu dans l'usage [88].

Quelques autres erreurs de l'orthographe, désormais consacrées par une longue habitude, semblent moins réparables. Ainsi *acolyte* devrait s'écrire *acoluthe*, puisqu'il vient de ἀκόλουθος, *suivant* ; de même on dit, en grammaire, un *anacoluthe* pour un défaut de suite dans la syntaxe (ἀνακόλουθον) ; *lierre* vient de *hedera*, *ierre*, *lierre*, selon l'usage ancien de notre écriture, où l'apostrophe ne séparait pas l'article du substantif ; de même *l'on* s'écrivait *lon*. Il paraît impossible de revenir sur de pareilles altérations. Mais on devrait écrire dans les livres de géométrie *hypoténuse* sans *h* après le *t* (ὑποτείνουσα, sous-entendu γραμμή, la ligne qui sous-tend un angle) ; *parallélépipède* (παραλληλεπίπεδον — de ἐπίπεδον surface) et non *parallélipipède*. On pourrait écrire *hologràphe* et non *olographe*, puisque la même aspiration s'est maintenue, et avec raison, dans *holocauste*, *homologue*, *homologuer*. Au contraire, *hermite* est mieux écrit sans *h*, puisqu'il vient de *eremita*, c'est-à-dire de ἐρημίτης, où la voyelle initiale ne porte, en grec, qu'un esprit doux.

Quoi qu'il en soit de ces irrégularités, dont quelques-unes d'ailleurs sont réparables, l'orthographe actuelle de la langue française, considérée au point de vue de l'étymologie, paraît, en général, assez raisonnable, et l'on est moins disposé à croire qu'elle ait besoin d'une réforme complète, quand bien même cette réforme aurait quelque chance de se faire accepter. Grâce aux efforts de nos grammairiens, grâce à l'autorité de l'Académie française [89], notre langue s'écrit aujourd'hui d'une façon qui concilie assez bien l'étymologie avec les formes nouvelles de notre grammaire, sans méconnaître cette force de l'usage et de l'habitude dont un poëte latin a si bien dit :

Si volet usus,
Quem penes arbitrium est et jus et norma loquendi [90].

CHAPITRE XXII.

RÉSUMER LES PRINCIPALES RESSEMBLANCES
DE LA GRAMMAIRE GRECQUE ET DE LA GRAMMAIRE LATINE.

Le long détail où nous sommes entré sur ce sujet dans tout le cours de nos études comparatives, nous permet de rappeler brièvement ici les principaux points qui doivent fixer l'attention.

1° Par leur caractère général, le grec et le latin appartiennent à la classe des langues appelées synthétiques, c'est-à-dire qui tendent à exprimer plusieurs idées à la fois par un seul mot, et qui abondent en formes ou flexions grammaticales.

2° Le grec et le latin ont des déclinaisons et des

conjugaisons riches et variées; toutefois le latin manque du *duel* dans la déclinaison, et il n'a pas d'articles; mais, de son côté, le grec n'a pas les formes du *gérondif* et du *supin*.

3° Dans ces deux langues, l'abondance des formes grammaticales donne une grande liberté à l'arrangement des phrases. Les règles d'*accord* et de *dépendance* dominent dans la syntaxe grecque et latine; les règles de *position* y sont plus rares et moins rigoureuses. Cette constitution des langues anciennes s'accommodait très-bien au caractère de deux peuples chez qui l'imagination fut si puissante, et qui portèrent si loin, dans tous les arts, l'intelligence et l'amour du beau.

4° En grec comme en latin, la langue poétique possède un abondant vocabulaire, distinct, en beaucoup de parties, du vocabulaire de la prose; l'*accent*, la *quantité* et l'*aspiration*, ont, en grec et en latin, des procédés et des effets très-variés.

La poésie grecque et la poésie latine sont fondées l'une et l'autre sur la quantité, c'est-à-dire sur la mesure des syllabes.

5° Si le latin populaire offrait des variétés dans les diverses provinces de l'Italie, le latin que nous étudions dans les monuments de la littérature romaine ne nous offre rien qui ressemble aux dialectes de la langue grecque. En Grèce, les quatre dialectes, ionien, attique, dorien et éolien, ont produit, pour ainsi dire, quatre littératures distinctes, et c'est seulement au temps de l'ère chrétienne que ces quatre littératures se fondent en une seule.

CHAPITRE XXIII.

RÉSUMER LES PRINCIPALES DIFFÉRENCES DE LA GRAMMAIRE
DES LANGUES ANCIENNES AVEC LA GRAMMAIRE DE LA
LANGUE FRANÇAISE.

1° Par son caractère général, le français appartient à la classe des langues qu'on appelle analytiques, c'est-à-dire qui tendent à exprimer les idées diverses par autant de mots distincts ; elle forme facilement des dérivés d'une même racine ; mais elle forme très-difficilement des mots composés, et, par là même, elle se prête moins aux abus de néologisme.

2° La langue française n'a pas, à vrai dire, de déclinaison. La conjugaison des verbes français, moins riche à quelques égards que celle des verbes grecs et latins, s'en distingue surtout par un emploi plus fréquent des verbes auxiliaires [91].

3° Le français ayant moins de flexions grammaticales, le rapport des mots dans la phrase se marque plus souvent, chez nous, par la place des mots que par leur forme. Par conséquent, dans notre Syntaxe, les règles de *position*, quoique simples et peu nombreuses, l'emportent sur les règles d'*accord* et de *dépendance*. Cette constitution de notre langue lui donne une aptitude particulière à exprimer les conceptions de la raison et les vérités de la science.

4° L'harmonie de notre langue ne repose pas sur une application aussi régulière ni aussi délicate des principes de l'*accent*, de la *quantité* et de l'*aspiration*. Notre vocabulaire poétique se réduit à un petit nombre de mots. La poésie française supplée à ces défauts par une versification fondée sur l'usage de la rime et sur le nombre des syllabes, par le choix des mots et par leur arrangement.

5° A son origine, le français se divisait en plusieurs dialectes, parlés par autant de nations, dans les diverses provinces de l'ancienne France. Puis, parmi ces dialectes, deux principaux dialectes ont prédominé : celui du midi (langue d'*oc*, provençal, langue des troubadours), et celui du nord (langue d'*oïl*, langue des trouvères, français proprement dit). Enfin, le dialecte du nord ayant prédominé à son tour, avec le peuple qui le parlait, sur celui du midi, le langage et la littérature sont arrivés peu à peu à l'unité qui représente si bien aujourd'hui l'unité de la nation et du génie français.

NOTES.

1. Je signale ici rapidement, comme surtout utiles à étudier sur les divers sujets traités dans le Manuel : les articles de Grammaire qui font partie de l'*Encyclopédie Méthodique*, et qui sont réunis, avec les articles de littérature, en trois volumes in-4°, publiés à part de 1782 à 1786 ; la *Grammaire générale et raisonnée* de Port-Royal, avec les remarques de Duclos et les suppléments de l'abbé Fromant (l'édition de Paris, 1845, contient tous ces ouvrages réunis) ; les *Vrais principes de la langue française*, par l'abbé Girard (Paris, 1747) ; l'*Hermès*, de Harris, traduit en français par Thurot (an IV) ; l'*Histoire naturelle de la parole*, faisant partie du *Monde primitif*, par Court de Gebelin, mais que l'on peut lire dans une édition particulière donnée par Lanjuinais (Paris, 1816) ; les *Principes de Grammaire générale*, par Silvestre de Sacy (3e édit., Paris, 1815) ; l'*Essai sur la science du langage*, par M. Clément (Paris, 1843) ; l'*Essai sur le langage*, par M. A. Charma (2e édit., Caen, 1846) ; le *Cours supérieur de grammaire*, par M. B. Jullien (Paris, 1849). D'autres ouvrages seront cités plus bas, à propos des principales questions dans chacun de nos chapitres.

2. Consulter, parmi les nombreux ouvrages de philologie comparée qui ont de nos jours, étendu et renouvelé la philosophie du langage : l'*Essai sur le Pâli*, par MM. E. Burnouf et Lassen (Paris, 1826) ; le *Commentaire sur le Yaçna*, par M. E. Burnouf (1833) ; les *Études sur la langue et sur les textes zends*, par le même (1850) ; la *Grammaire comparative des langues indo-germaniques*, par Fr. Bopp (Berlin, 1833—1852) ; le *Dictionnaire des racines grecques*, de Th. Benfey (Berlin, 1839) ; Guil. de Humboldt, *Introduction à l'étude de la langue kawi* (Berlin, 1836-9), réimprimé après la mort de l'auteur dans la collection de ses œuvres ; Pictet, *de l'Affinité des langues celtiques avec le sanscrit* (Paris, 1837), etc. L'histoire des progrès anciens et récents de la linguistique, ainsi que la méthode générale de ces recherches, est exposée avec précision et clarté dans plusieurs conférences du docteur, aujourd'hui cardinal Wiseman, traduites de l'anglais en français, par M. de Genoude : *Discours sur les Rap-*

ports entre la science et la religion révélée (Paris, 1841, 2ᵉ édit.). Voir aussi l'opuscule de G. Curtius sur *la Comparaison des langues dans son rapport avec la philologie classique* (Berlin, 1845); et *l'Aperçu systématique sur les langues de l'Europe*, par M. Schleicher (Bonn, 1850). L'Institut a couronné, en 1847, l'ouvrage qui a pour titre : *Histoire et système comparé des langues sémitiques*, par M. E. Renan, et dont la publication prochaine est annoncée. On peut déjà lire du même auteur un mémoire sur *l'Origine du langage* (Paris, 1848), où beaucoup de vues originales, bien que parfois contestables, annoncent un habile linguiste. Au reste, le *Dictionnaire méthodique des grammaires et lexiques de toutes les langues de la terre*, rédigé par J. S. Vater, refait et complété par B. Jülg (Berlin, 1847), donnera une idée de l'extension qu'ont prise les études de linguistique, et fournira d'amples renseignements aux esprits curieux de suivre, au moins dans quelque branche, les progrès de cette science.

3. Sur cette histoire des théories grammaticales, le livre le plus complet est encore celui de M. Lersch : *Philosophie des langues chez les anciens* (Bonn, 1839-1843). On peut aussi consulter Græfenhan : *Histoire de la philologie classique dans l'antiquité* (3 vol., Bonn, 1843 et suiv.); Séguier de Saint-Brisson : *La Philosophie du langage exposée d'après Aristote* (Paris, 1838). J'espère publier prochainement un mémoire sur les écrits et les doctrines d'Apollonius Dyscole, le plus important des grammairiens grecs dont les ouvrages sont parvenus jusqu'à nous.

4. On a une vue frappante des rapports qui unissent les langues de l'Inde et celles de l'Europe, dans l'ouvrage de M. Eichoff : *Parallèle des langues de l'Europe et de l'Inde*, ou *Études des principales langues romanes, germaniques, slaves et celtiques, comparées entre elles et à la langue sanscrite* (Paris, 1836).—Sur les langues néo-latines, voir la *Grammaire comparée des langues de l'Europe latine*, par M. Raynouard (Paris, 1821); les *Recherches sur l'origine et la formation de la langue romane*, par le même, en tête du *Recueil des poésies des troubadours* (Paris, 1816); Fauriel, *Histoire de la poésie provençale*, tome Iᵉʳ (Paris, 1846); deux Grammaires romanes inédites, publiées, en 1840, par M. Guessard, dans la *Bibliothèque de l'École des Chartes*.

5. Sur les variétés et sur l'histoire de l'alphabet grec, l'ouvrage qui peut le mieux représenter l'état actuel de la science est le livre de Franz : *Elementa epigraphices Græcæ* (Berlin, 1840), introd., c. III. Mais des découvertes récentes, notamment celles de M. Le Bas dans son voyage en Grèce, permettent déjà de modifier sur quelques points les résultats consignés par M. Franz dans ce travail, d'ailleurs fort estimable. — Sur l'alphabet latin

le recueil de faits le plus instructif se trouve dans la *Grammaire latine* de Schneider (Berlin, 1819-1821). Parmi les anciens, je ne saurais trop recommander la lecture du premier et du deuxième livre de Priscien.

6. Voir le recueil intitulé : *Latini sermonis vetustioris Reliquiæ selectæ* (Paris, 1844), et, en particulier, la préface de ce recueil.

7. Denys d'Halicarnasse, *de l'Arrangement des mots*, chap. xiv, range les voyelles longues dans l'ordre suivant, d'après la différente ouverture des lèvres nécessaire pour les prononcer : α, η, ω, υ, ι ; ce qui prouve clairement que η, υ et ι ne pouvaient avoir pour lui un seul et même son, celui de l'ι, qu'ils ont dans la prononciation moderne. Tout ce chapitre mérite d'être lu avec attention pour la connaissance de l'alphabet grec.

8. On a beaucoup écrit sur ce sujet. Le plus volumineux recueil de documents sur la prononciation grecque est celui de Constantin OEconomos (Saint-Pétersbourg, 1830, en grec moderne); mais le seul ouvrage où soit appliquée la méthode que je recommande, est celui de Liskovius (Leipzig, 1825, en allemand). Consulter aussi une dissertation intéressante de M. E. Renan : *Éclaircissements tirés des langues sémitiques sur quelques points de la prononciation grecque* (Paris, 1849).

9. Voir sur l'accent grec les traités élémentaires de M. Bétolaud et de M. Longueville, le traité complet de M. Longueville (Paris, 1849). Dans le manuel que j'ai publié avec M. Galusky, on essaye de montrer que l'accent circonflexe marque plutôt la contraction de deux syllabes, dont l'une était accentuée, qu'il ne marque un accent double et prononcé en deux parties distinctes sur une seule et même syllabe (*Méthode pour étudier l'accentuation grecque*, 1844, p. 4-5). Ce sujet est traité d'une manière générale dans la thèse ingénieuse et savante de M. Benloew : *De l'Accentuation dans les langues indo-européennes tant anciennes que modernes* (Paris, 1847).

10. Orelli, *Inscriptionum Latinarum Collectio*, n° 4686, cap. xxi, § 1 ; Egger, *Latini sermonis vetustioris Reliquiæ*, p. 322, note.

11. Quintilien, *De Institutione Oratoris*, 1, c. v ; Priscien, *De Accentibus*; on trouve aussi sur le même sujet des observations éparses dans le grand traité de grammaire du même auteur et dans son analyse grammaticale de quelques vers de l'*Énéide* : *De duodecim versibus principalibus Æneidos*. Les autres grammairiens offrent çà et là des remarques utiles pour la connaissance de l'accentuation moderne. — Il n'est plus guère d'usage en France de donner dans les grammaires latines des règles d'accentuation. Aussi M. Quicherat nous a-t-il rendu un véritable

service en insérant un long chapitre sur l'accent dans son excellent *Traité de Versification latine*, IIe partie, chap. XL (11e édit., Paris, 1847). M. Dutrey, dans sa *Grammaire latine* a résumé très-brièvement les principales règles de l'accent latin (p. 607, édit. 1840), et il a soigneusement distingué l'usage des signes de l'accent dans l'orthographe française et dans l'orthographe latine.

12. Thommerel : *Recherches sur la fusion du franco-normand et de l'anglo-saxon* (Paris, 1841); Phil. Chasles, *De Teutonicis Latinisque linguis* (Paris, 1841), thèse réimprimée avec d'autres morceaux du même auteur dans un volume d'*Études sur l'Antiquité* (Paris, 1847).

13. Outre les traités classiques sur ce sujet, parmi lesquels il faut signaler celui de M. Quicherat, je mentionnerai ici plusieurs ouvrages où les questions de prosodie sont exposées en détail : *Essai philosophique sur le principe et les formes de la versification*, par Éd. Du Méril (Paris, 1841); *Théorie de la quantité prosodique*, par Bergmann (Strasbourg, 1839); les Dissertations de M. Vincent et de M. Rossignol, sur le rhythme et le mètre, à propos du vers dochmiaque (Paris, 1846-1847).

14. *Senatusconsultum de Baccanalibus*, dans les *Reliquiæ sermonis Latini*, p. 126. Cf. Burnouf, *Méthode latine*, § 21, 119 et *passim*.

15. Le grec et le latin sont déjà très-inférieurs, sous ce rapport, à quelques langues anciennes, au sanscrit, par exemple; voir sur ce sujet les premiers chapitres de la *Grammaire comparative* de Bopp.

16. Suétone, *Vie d'Auguste*, c. LXXXVIII : « Orthographiam, « id est formulani rationemque scribendi a grammaticis institutam non adeo custodiit; ac videtur eorum potius sequi opinionem, qui perinde scribendum ac loquimur existiment. »

17. On peut voir au Musée du Louvre plusieurs de ces précieux fragments. On en trouvera le texte, avec plusieurs monuments du même genre et de la même date, dans les *Elementa epigraphices Græcæ* de Franz, et dans le *Corpus inscriptionum Græcarum* de Boeckh, tome Ier. Un traducteur français de Thucydide, Lévesque, a eu l'idée de mettre sous les yeux de ses lecteurs ce contraste des deux orthographes, en ramenant quelques lignes de l'historien grec à leur orthographe primitive. Avec la connaissance plus exacte que nous avons aujourd'hui des inscriptions attiques, l'essai de Lévesque pourrait être corrigé en plusieurs points.

18. Le texte de ce sénatus-consulte a été joint à plusieurs édi-

tions de Tite Live. Ces changements de l'orthographe latine ont souvent forcé les Romains à faire transcrire de vieilles inscriptions devenues illisibles, autant par la vétusté du langage que par celle du monument où le texte était gravé. Voir, sur ce sujet, les observations de M. Victor Le Clerc, des *Journaux chez les Romains* (Paris, 1838, p. 77-87). Les Grecs ont fait souvent aussi des transcriptions de leurs vieilles tables des lois, soit pour les préserver de la destruction, soit pour en rendre la lecture plus facile. Voir surtout le plaidoyer de Lysias *Contre Nicomaque.*

19. Voyez sur ces tentatives de réforme, la *Bibliothèque française* de l'abbé Goujet, t. I et II; et le *Cours supérieur de grammaire*, de M. B. Jullien, Iʳᵉ partie, p. 45 et suiv.

20. Voyez les *Philodemi Rhetorica*, publiés d'après les papyrus d'Herculanum, par M. E. Gros (Paris, 1840).

21. Voir, pour tout ce qui concerne ce sujet, l'excellent *Traité de la Formation et de la Composition des mots dans la langue grecque*, par M. Ad. Regnier, dans l'édition des *Racines grecques de Port-Royal*, donnée par ce savant en 1840. (M. Dünlzer a publié à Cologne, en 1836, un livre sur la *Formation et la Composition des mots latins*, écrit avec peu de critique, et que paraît avoir suivi avec trop de confiance M. Chansselle dans son *Traité de la Formation des mots dans la langue latine* (Paris, 1843).

22. Sur ces altérations que subissent les mots latins pour devenir des mots français, on lira avec beaucoup de fruit le livre de l'abbé Bondil : *Introduction à la langue latine, au moyen de l'étude de ses racines et de ses rapports avec le français* (Paris et Lyon, 1838); et l'on en rapprochera utilement les *Racines latines avec leurs dérivés et leurs composés*, par M. De Bliguières (Paris, 1840).

23. Pour plus de détails sur les mots juxtaposés, voyez B. Jullien : *Cours supérieur de grammaire*, I, p. 65 et 205.

24. Bekker, *Anecdota Græca*, p. 842, scholie sur le chap. xiii de la Grammaire de Denys le Thrace.

25. Voir surtout le livre de M. Lersch, auquel j'ai renvoyé plus haut. Parmi les anciens, Denys d'Halicarnasse, περὶ Συνθέσεως ὀνομάτων, chap. xiv; les ouvrages d'Apollonius Dyscole; la Grammaire de Denys le Thrace, avec les commentaires sur ce manuel, au tome II des *Anecdota Græca*, de Bekker; Priscien : *Institutionum grammaticarum* libri XVIII, surtout l'édition de Krehl (Leipzig, 1819-1820, 2 vol. in-8°).

26. Voir sur cette diversité du génie des peuples et sur la di-

versité profonde des procédés grammaticaux, l'essai d'Abel Rémusat sur la langue et la littérature chinoise (Paris, 1811); la
lettre (en français) de G. de Humboldt à M. Abel Rémusat sur
la langue chinoise (Paris, 1827); le mémoire du même auteur
sur l'origine des formes grammaticales, lu à l'Académie de Berlin
en 1822, et inséré dans les *Mémoires* de cette Académie; les
opuscules suivants de notre savant sinologue, M. St. Jullien :
Vindiciæ philologicæ in linguam Sinicam (Paris, 1830), où l'auteur signale une particularité jusqu'alors inaperçue dans la langue chinoise, à savoir l'emploi, relativement assez rare, de quelques signes comme mots auxiliaires et presque comme affixes;
*Exercices pratiques d'analyse, de syntaxe et de lexigraphie chi-
noise* (Paris, 1842). On trouvera surtout un exemple instructif
et frappant de la manière dont se doivent analyser les textes chinois, dans une publication du même savant, en apparence fort
étrangère à la philologie : *Résumé des principaux traités chinois
sur la Culture des mûriers et sur l'éducation des vers à soie* (Paris, 1837), p. 128.

27. Dans un mémoire plein de vues ingénieuses, publié d'abord
dans les *Annales de l'Institut archéologique* (en 1846), puis, avec
de nouveaux développements, parmi les *Mémoires de l'Académie
des inscriptions* (tome XVIII de la nouvelle série), M. Letronne a
montré quel intérêt offrait, pour la philologie et pour l'histoire,
l'étude des noms propres grecs, jusqu'ici fort négligée. Voy. aussi
Sturz, *Opuscula nonnulla* (1825). Remarquez que, parmi les
exemples cités dans le texte, Διογένης et Διομήδης, s'ils étaient
de simples adjectifs, auraient l'accent aigu sur la dernière syllabe. C'est une règle, en grec, qu'un nom commun, en devenant
un nom propre, doit modifier son accent, et cette règle souffre
peu d'exceptions. Le *Dictionnaire grec-allemand*, de W. Pape,
est accompagné d'un lexique des noms propres grecs, déjà fort
riche, quoique fort incomplet.

28.   Théodose, dans Bekker, *Anecdota Græca*, p. 1184 : Οἱ
Αἰολεῖς οὐκ ἔχουσι δυϊκά, ὅθεν οὐδὲ οἱ Ῥωμαῖοι, ἄποικοι ὄντες τῶν
Αἰολέων. C'est, en effet, une idée assez généralement admise chez
les anciens, que celle de l'origine éolienne du peuple romain.

29. On ne peut contester l'usage des finales en *on* ; mais on a con-
testé à ces désinences la valeur des désinences casuelles. Voy. Ampère, *Histoire de la formation de la langue française* (1841),
p. 64, et Genin, *Des Variations du langage français depuis
le XIIe siècle* (1845), p. 258 et suiv. Cf. A. Fuchs, *Les Langues
romanes dans leur rapport avec le latin* (Halle, 1849), p. 327.

30. Voy. R. Kühner, *Grammaire développée de la langue grecque* (Hanovre, 1834) § 262. L'ouvrage présente méthodiquement

les principaux rapprochements du même genre avec le sanscrit et les langues de cette famille. (M. Theil a reproduit en partie l'abrégé de cette grammaire, dans sa *Grammaire grecque*, publiée en 1846.) Voy. aussi Bopp, *Grammaire comparative*, etc., § 216, 217. Le livre de Struve intitulé : *La Déclinaison et la Conjugaison latines* (Kœnigsberg, 1823), est aussi fort utile à consulter, pour l'abondance des matériaux recueillis par l'auteur sur ce sujet. Dans un article publié par la *Revue archéologique*, en 1847 (p. 197), et reproduit par le *Journal de l'Instruction publique* du 12 janvier 1848, j'ai eu occasion de réunir de nombreux exemples qui prouvent l'identité primitive du nominatif pluriel dans la deuxième et dans la troisième déclinaison latine. Ce nominatif était primitivement en *eis* ou *is* pour les mots dont le nominatif est en *us*, comme pour ceux de la troisième déclinaison imparisyllabique.

31. Toute cette théorie du pronom est développée avec une grande finesse dans le traité du grammairien Apollonius Dyscole, περὶ Ἀντωνυμίας, publié en 1813 par M. Bekker, et on en retrouve les principales idées dans le traité du même auteur, περὶ Συντάξεως, depuis longtemps publié, mais qui a été fort peu lu des grammairiens modernes. Aussi ces derniers ont-ils eu à refaire pour leur compte une théorie sur laquelle Apollonius, mieux connu, leur eût laissé fort peu à désirer.

32. Ὁ γὰρ λόγος, ἐὰν μὴ δηλοῖ, οὐ ποιήσει τὸ ἑαυτοῦ ἔργον. Aristote, *Rhétorique*, III, 11.

33. Au deuxième siècle de notre ère, Apollonius Dyscole réfute cette erreur; elle lui a pourtant survécu. On la retrouve dans les fragments du grammairien byzantin Théodose, publiés par M. Goettling (p. 80). M. Raynouard, dans ses *Recherches sur la langue romane* (p. 38), admet que l'article s'introduisit dans les langues originaires du latin pour suppléer aux terminaisons casuelles qui s'effaçaient de jour en jour, et pour caractériser les noms substantifs; mais il n'attribue pas à ce mot la propriété d'exprimer spécialement le genre et le nombre. — La vraie théorie de l'article est déjà tout entière dans Apollonius. Condillac, dans sa grammaire (2e partie, chap. xiv), a, le premier en France, bien compris et clairement exposé la nature de l'article, et cela sans connaître Apollonius qui l'avait devancé.

34. Priscien, livre II, emploie à chaque page de ses chapitres sur le nom, ce moyen de distinguer les genres. D'autres grammairiens ont recours à la périphrase *generis neutri* ou *masculini* ou *feminini*; par exemple, l'auteur du petit traité *De generibus nominum* publié par M. Vict. Le Clerc, dans le *Catalogue général des manuscrits des Bibliothèques publiques des départements*,

tome Ier, p. 649 (Paris, 1849). Au reste, le pronom, lorsqu'il a
cette fonction tout accidentelle de marquer le genre des noms,
est quelquefois appelé *articulus* par les Latins eux-mêmes.
Voy. Priscien, II, 4, p. 66 ; V, 1, p. 167, et XVII, 4.

35. Le style de la plupart des ouvrages attribués à Hippocrate,
tient, sous ce rapport, le milieu entre la prose d'Hérodote et
celle de Thucydide. Voy. dans l'Hippocrate de M. Littré, tome I,
la dissertation sur la langue de ces écrits.

36. Bopp, *Grammaire comparative*, § 343.

37. Bopp, *Grammaire sanskrite*, 2e éd., § 118 et suiv.

38. Suétone, *Vie d'Auguste*, c. 86 : « Præcipuam curam duxit
« sensum animi quam apertissime exprimere, quod quo facilius
« efficeret, aut necubi lectorem vel auditorem obturbaretac mo-
» raretur, neque præpositiones verbis addere, neque conjunc-
« tiones sæpius iterare dubitavit, quæ detractæ afferunt aliquid
« obscuritatis, etsi gratiam augent. » Les deux exemples cités
dans le texte sont empruntés à Auguste lui-même dans son Testament politique, plus connu sous le nom de *Monument d'An-
cyre*. Les autres fragments de ses nombreux écrits offrent à peine
un ou deux exemples de tournures semblables. Mais on en trouve
dans d'autres écrivains du même temps : Tite Live, II, xiii, xlix
« ad parentes restituit; XXIV, xlvii : restitui ad Romanos, etc. »
M. Fuchs en a réuni plusieurs dans son ouvrage, cité plus haut,
(note 29) sur les langues romanes, p. 325.

39. Varron appelle ces sortes de prépositions *præverbia*, et il
remarque avec raison quel nombre infini de formes grammaticales elles peuvent engendrer en se joignant à des verbes; *De
Lingua Latina*, VI, 38 : « A quibus iisdem principiis, antepositis
« præverbiis paucis, immanis verborum accedit numerus, quod
« præverbiis mutatis, additis atque commutatis, liud atque aliud
« fit; ut enim *processit* et *recessit*, sic *accessit* et *abscessit*; item *in-
« cessit* et *excessit*; sic *successit* et *decessit*, *concessit* et *discessit*.
« Quod si hæc decem sola præverbia essent, quoniam ab uno
« verbo declinationum quingenta discrimina fierent, his decem-
« plicatis conjuncto præverbio ex uno quinque millia numero
« efficerent; ex mille ad quinquagies centum millia discrimina
« fieri possunt. »

40. L'origine des mots *gérondif* et *supin* est demeurée très-
obscure; mais la nature verbale du supin et sa forme grammaticale ont cessé d'être un phénomène isolé depuis qu'on a remarqué la ressemblance de l'infinitif sanscrit en *tu*, *tum* (*tva* au cas
instrumental), avec des formes latines qui y correspondent également pour le sens, et qui sont, comme le nom verbal en sans-

crit, capables du sens passif aussi bien que du sens actif. Voy. Bopp, *Sur la conjugaison sanskrite comparée à la conjugaison grecque et latine* (Francfort, 1816), p. 43, et comparez Priscien, VIII, 9, p. 395; et VIII, 13 p. 408, où il signale justement ce double sens des supins.

41. Priscien (IV, 6) veut que ces formes en *bundus* signifient une sorte de ressemblance avec celui qui ferait l'action marquée par le radical du verbe; ainsi, *errabundus* serait pour *erranti similis*. D'après un grammairien dont l'opinion est rapportée par Aulu-Gelle (*Nuits Attiques*, XI, 15), la terminaison *bundus* exprime « vim et copiam et quasi abundantiam rei cujus id verbum est, » ce qui parait mieux confirmé par l'usage qu'en ont fait les bons auteurs.

42. Un ancien paradoxe de Sanctius, qui refuse au participe la propriété d'exprimer des temps, a été reproduit, il y a quelques années, dans un petit livre, utile d'ailleurs et estimable, le *Lexique des Comparatifs et superlatifs latins*, par M. Pront. Je n'ai pas cru qu'il fût nécessaire de réfuter ici ce paradoxe, les arguments de M. Pront n'ayant pas, à ce qu'il semble, réussi à l'accréditer de nouveau.

43. C'est, en particulier, l'opinion de M. B. Jullien dans son *Cours supérieur de grammaire*, et dans son *Traité d'Analyse logique.*

44. Cette règle d'orthographe ne s'est pas établie dans notre langue sans contestation et sans difficulté. On croit généralement que c'est à la publication des fameuses lettres de Pascal, en 1659, qu'il faut reporter l'époque de la fixation de notre langue à cet égard. Arnauld et Lancelot enseignèrent les premiers, dans leur *Grammaire générale* publiée en 1660, l'indéclinabilité du participe en *ant*, la distinction du participe proprement dit et des adjectifs verbaux, et l'accord de ceux-ci avec le nom; et l'Académie prononça le 3 juin 1679 : « La règle est faite. On ne déclinera plus les participes présents. » (B. Jullien, *Cours supérieur*, I, p. 186.)

45. Cette distinction, si délicate et si vraie, semble avoir été aperçue déjà par Varron, *de Lingua Latina*, IX, 96 : « Primum « quod aiunt analogias non servari in temporibus, quum dicant « *legi, lego, legam*, et sic similiter alia.... injuria reprehendunt. « Nam ex eodem genere et ex divisione idem verbum, quod « sumptum est, per tempora traduci potest, ut *discebam, disco*, « *discam* ; et eadem perfecti, sic *didiceram, didici; didicero.* Ex « quo licet scire verborum rationem constare, sed eos qui trium « temporum verba pronuntiare velint, scienter id facere. »

46. Cette adjonction du pronom à un radical attributif pour former un verbe, est plus sensible encore dans la conjugaison sanscrite. Sur ce sujet, et en général sur la constitution organique du verbe grec, on ne saurait trop rappeler l'*Avertissement* de M. J. L. Burnouf en tête de la 6ᵉ édition de sa *Méthode*, avertissement qu'il a eu soin de réimprimer dans les éditions suivantes. — Les premières personnes en μες pour μεν, dans le dialecte dorien ; les troisièmes personnes de l'impératif οντων, rappellent encore les formes *mus* et *unto* de la conjugaison latine. Il n'est pas sans intérêt, même aujourd'hui, de lire l'opuscule de Macrobe, *de Differentiis et societatibus Græci Latinique verbi.*

47. C'est une remarque déjà faite par les grammairiens grecs, que certaines expressions sont *négligées par l'usage*, ὠλιγωρημέναι λέξεις ou σεσιγημέναι, comme dit, en pareil cas, Apollonius. Lorsqu'il veut exprimer que tel ou tel mot eût été irrégulier ou barbare, il dit alors : οὐ ῥητόν, οὐ συστατόν, ou bien ἀσύστατον (sous-entendu ὄνομα). Cicéron fait quelques observations du même genre dans ses Topiques, c. vii, § 30.

48. Voy. le paradigme de la conjugaison latine, en tête du *Thesaurus poeticus* de M. Quicherat, et la Lettre du même auteur à M. J.-L. Burnouf sur l'Impératif latin (Paris, 1841), où sont réunis les témoignages des grammairiens sur cette seconde forme de l'impératif, et de nombreux exemples à l'appui de ces témoignages. Il est certain que les anciens auteurs ont considéré la forme en *to, tor*, comme un impératif du futur.

49. Sur l'usage de l'auxiliaire dans la conjugaison et sur les rapports qu'offrent, à cet égard, le grec, le latin et le sanscrit, il existe un mémoire intéressant de M. Obry, publié dans le *Recueil des mémoires de l'Académie d'Amiens*. A propos d'une discussion soulevée devant l'Académie d'Amiens sur l'orthographe de nos participes passés, le même savant a écrit un long mémoire (*Étude historique et philologique sur le participe français et sur les verbes auxiliaires*, Amiens, 1851), où sont approfondies, avec beaucoup de science et de critique, les principales questions relatives à l'origine de nos verbes auxiliaires, à la formation des futurs et des conditionnels néo-latins, à l'altération des anciennes formes verbales dans les langues néo-latines et germaniques, etc. Enfin, je suis heureux de citer comme un témoignage de l'intérêt qui s'attache de plus en plus, chez nous, aux études de linguistique, le mémoire récent d'un de mes collègues, M. Hamel, *sur les Voyelles modales dans la langue grecque* (*Mémoires de l'Académie des sciences de Toulouse*).

50. Voy. pour plus de détails sur quelques-unes de ces altérations et de ces transformations, les Leçons 2ᵉ et 3ᵉ de M. Villemain sur la Littérature du moyen âge.

51. C'est ce qui a engagé M. Dutrey, dans sa *Grammaire latine*, à dresser les paradigmes de véritables conjugaisons contractes, comme on en trouve dans les grammaires grecques.

52. Nous possédons un traité du grammairien Apollonius sur les Conjonctions (imprimé au tome II des *Anecdota Græca* de M. Bekker). Plusieurs chapitres y sont fort mutilés. Parmi ceux qui peuvent encore être lus, et qui le seront avec fruit, je signalerai : 1° le chapitre sur les conjonctions *disjonctives* (διαζευκτικοί) dont le nom est fort bien justifié par Apollonius, contre les chicanes de quelques-uns de ses confrères; 2° le chapitre sur les particules explétives. Au reste, Priscien, que nous avons déjà cité plus d'une fois dans ces notes, peut être, en général, considéré comme un abréviateur assez fidèle des meilleures doctrines des écrivains grecs, et surtout d'Apollonius, sur la grammaire. Nous ne saurions trop recommander la lecture de cet auteur aussi judicieux qu'érudit, et qui a longtemps joui d'une juste popularité dans les écoles de l'Occident.

53. La nature de l'Adverbe est presque toujours bien comprise et bien analysée dans le traité d'Apollonius περὶ ἐπιῤῥημάτων (*Anecdota Græca* de Bekker, tome II). L'auteur signale entre autres, fort justement, l'analogie de certaines terminaisons adverbiales avec les flexions casuelles des noms substantifs.

54. Ce caractère des finales οι, οθι, οθεν en grec, *i*, *tus*, en latin, devient plus évident encore par leur comparaison avec certains cas de la déclinaison sanscrite. Bopp, *Grammaire comparative*, § 251 et *passim*.

55. Priscien XV, 7, p. 635, édit. Krehl : « Interjectionem Græci « inter Adverbia ponunt, quoniam hæc quoque vel adjungitur « verbis, vel verba ei subaudiuntur.... quæ res maxime fecit « Romanarum Artium scriptores separatim hanc partem ab « adverbiis excipere, quia videtur affectum habere in sese verbi « et plenam motus animi significationem, etiamsi non addatur « verbum, demonstrare. »

56. Letronne, *Inscriptions d'Egypte*, tome I, p. 283, commentaire sur le passage de la célèbre inscription de Rosette, où Hermès est appelé μέγας καὶ μέγας, c'est-à-dire, « Hermès deux fois grand, » par une traduction littérale du texte égyptien. — On cite du poëte Phrynichus le composé τρισέχθιστος, qui est un double superlatif.

57. C'est l'opinion de H. Estienne dans son *Traité de la Conformité du langage français avec le grec;* et dans sa *Précellence du langage français*. M. L. Feugère, qui nous a récemment donné d'exactes et savantes éditions de ces deux écrits du célè-

bre helléniste, combat avec raison cette étymologie de la particule *très*, et, d'accord avec M. Ampère, il adopte l'explication que nous avons suivie dans le texte.

58. Apollonius, *De la Syntaxe*, II, 19, 21, 25; III, 2; IV, 8; *du Pronom*, p. 7, etc. J'ai cru devoir justifier par des citations précises la mention de ces formes déjà modernes dans un auteur grec ancien, parce que je ne les ai pas trouvées signalées dans les principales grammaires que j'ai sous les yeux.

59. Αὐτότερος et αὐταυτος sont cités par Apollonius, *Traité du Pronom*, p. 79, 81. *Ipsissimus* est de Plaute. Les adjectifs comme διπλάσιος, τριπλάσιος—*duplex*, *triplex*, etc., sont aussi des espèces de comparatifs. Les adverbes de lieu, comme ἔσω, ἔνδον, forment volontiers des comparatifs et superlatifs déclinables : ἐσώτερος, ἐνδότερος. Sur ces mots et sur l'analogie des terminaisons τερος, *timus* avec les comparatifs et superlatifs sanscrits, voy. Kühner, *Grammaire développée*, § 226.

60. Nous avons d'Apollonius un traité, à peu près complet, en quatre livres, sur la Syntaxe. C'est le meilleur ouvrage de grammaire qui nous reste de toute l'antiquité. Au commencement du livre troisième, l'auteur expose les principes généraux de la syntaxe, mais en vue de la langue grecque, la seule langue qu'il paraisse connaître ; de sorte que la théorie ne peut s'appliquer qu'aux langues synthétiques. Voy. encore sur ce sujet les articles *Syntaxe*, par Beauzée, et *Construction*, par Dumarsais, dans l'*Encyclopédie*.

61. Cicéron, *Orator*, c. XLI et suiv. ; *de Oratore*, III, c. XLIV et suiv.; Quintilien, livre IX, c. IV. Le traité de Batteux fait suite à ses *Principes de la Littérature*. Il y faut ajouter ses *Éclaircissements et Observations sur l'Inversion*. Batteux a aussi donné la seule traduction française qui existe du traité de Denys d'Halicarnasse *sur l'Arrangement des mots*.

62. Entre beaucoup d'ouvrages intéressants sur les idiomes de ces peuples qui n'ont pas de littérature proprement dite, je citerai celui que les lecteurs français pourront le plus facilement consulter : *Mémoire sur le système grammatical des langues de quelques nations indiennes de l'Amérique du nord* (ouvrage auquel l'Institut a décerné, en 1835, le prix de linguistique fondé par Volney), par Ét. Du Ponceau, président de la société philosophique américaine, etc. (Paris, 1838.)

63. Voy. sur l'ensemble de la littérature chinoise les *Mélanges asiatiques* d'Abel Rémusat, divers mémoires de M. Ed. Biot, et surtout son ouvrage sur l'*Histoire de l'Instruction publique en Chine et sur la Corporation des Lettrés* (Paris, 1845).

64. *Iliade*, XVII, v. 645, passage cité par Longin (*Traité du Sublime*, c. ix), qui le commente avec admiration.

65. Le Bas, *Voyage archéologique en Grèce et en Asie mineure*, planche VIII des Inscriptions; au-dessous de la dédicace se lit la signature de l'artiste : Πύρρος ἐποίησεν Ἀθηναῖος. Cette inscription que j'ai cru inutile de reproduire ici en caractères archaïques, fut retrouvée, il y a quelques années, au pied de l'Acropole d'Athènes, et elle se rapporte précisément à un fait raconté par Plutarque dans la *Vie de Périclès*, c. xiii; elle a pu être gravée par les ordres et sous les yeux de ce grand homme, pendant que s'élevaient les édifices magnifiques de l'Acropole. — Sur le style elliptique des inscriptions dédicatoires, voy. les Observations de M. Letronne, qui formaient d'abord un chapitre de ses *Recherches pour servir à l'histoire d'Égypte* (1823), et qui ont été réimprimées, après la mort de l'auteur, avec de nombreuses additions de sa main, dans la *Revue archéologique* de 1850.

66. Orelli, *Inscriptionum Latinarum Collectio*, n. 4648.

67. On peut voir dans la *Bibliothèque française* de l'abbé Goujet (tome II), l'histoire des controverses qui ont eu lieu à ce sujet entre les savants.

68. Cicéron, *Partitiones Oratoriæ*, c. vii, 24 : « In conjunctis « verbis triplex adhiberi potest commutatio, non verborum sed « ordinis tantummodo : ut, quum semel dictum sit directe, sicut « natura ipsa tulerit, invertatur ordo, et idem quasi sursum « versus retroque dicatur ; deinde idem intercise atque permixte. « Eloquendi autem exercitatio maxime in hoc toto convertendi « genere versatur... » Quintilien, IX, iv : « Illa nimia quorumdam « fuit observatio, ut vocabula verbis, verba rursus adverbiis, « nomina appositis et pronominibus essent priora. Nam fit con- « tra quoque frequenter non indecore, etc. » Tout ce chapitre est intéressant à lire, quoique l'auteur y parle plus en rhéteur qu'en grammairien.

69. Priscien, *De XII versibus principalibus Æneidos*, t. II de l'édit. de Krehl.

70. C'est la théorie soutenue par un écrivain célèbre, M. de Bonald, dans sa *Dissertation sur la Pensée de l'homme et sur son expression*, à la suite de la *Législation primitive*, tome II, p. 147. Les autres défenseurs de l'ordre logique se sont montrés moins rigoureux à l'égard de l'ordre inverse. Voy. Beauzée, à l'article *Langue*, et à l'article *Inversion*, dans l'*Encyclopédie*. Condillac, dans un excellent chapitre sur la construction (*Grammaire*, I, c. xxvii), dit très-bien : « A parler vrai, il n'y a dans l'esprit ni

ordre direct ni ordre renversé, puisqu'il aperçoit à la fois toutes les idées dont il juge ; il les prononcerait toutes à la fois, s'il lui était possible de les prononcer comme il les aperçoit. Voilà ce qui lui serait naturel, et c'est ainsi qu'il parle lorsqu'il ne connaît que le langage d'action. C'est, par conséquent, dans le discours seul que les idées ont un ordre direct ou renversé, parce que c'est dans le discours seul qu'elles se succèdent. Ces deux ordres sont également naturels. En effet, les inversions sont usitées dans toutes les langues, autant du moins que la syntaxe le permet.... Si je demandais quel est l'ordre naturel dans lequel les objets se présentent successivement à la vue, lorsque la vue elle-même embrasse à la fois tout ce qui frappe les yeux, vous me diriez que je fais une question absurde, et si j'ajoutais qu'il faut qu'il y ait dans la vue un ordre direct ou renversé, vous penseriez que je déraisonne tout à fait, etc. » G. de Schlégel, *Essais littéraires et historiques*, p. 235 : « L'abbé Sicard enseigne à ses élèves sourds-muets l'emploi des signes selon l'ordre logique. Mais lorsque, dans les heures de délassement, ils communiquent entre eux par la même voie, ils arrangent les mots de leur langage muet d'une tout autre manière ; ils se rapprochent de la construction latine sans la connaître et font les inversions les plus hardies. Ne pourrait-on en conclure que ces inversions, que nous considérons comme des ornements de rhétorique, sont plus naturelles que nous ne le pensons, parce que nous avons contracté une habitude opposée ? »

71. Xénophon, *Mémoires sur Socrate*, II, 1, passage traduit par Cicéron, *De Officiis*, 1, 32.

72. Du Ponceau, mémoire cité plus haut (note 62), p. 185 : « Il est certain que les langues de ces peuples sont formées sur des *plans d'idées* entièrement différents des nôtres. Nous aimons à répéter cette heureuse expression de Maupertuis. » G. de Humboldt, *Lettre à Rémusat*, p. 13 : « Je ne regarde pas les formes grammaticales comme le fruit des progrès qu'une nation fait dans l'analyse de la pensée, mais plutôt comme un résultat de la manière dont une nation considère et traite sa langue. » Le savant auteur, on le voit, ne manie pas notre langue avec facilité, mais il ne faudrait pas que cette imperfection de son style détournât le lecteur de recourir à un opuscule plein de la meilleure philosophie sur les questions principales de la linguistique. Voir surtout, p. 112, note 67, un résumé très-frappant des différences de la méthode grammaticale en chinois et dans les langues de l'Occident.

73. On a beaucoup disputé sur cet emploi de l'infinitif. J'ai lu, en particulier, deux dissertations : celle de Gernhard (Weimar

1821, réimprimée dans les *Opuscules* de l'auteur, Leipzig. 1836),
et celle de Fuisting (Munster, 1838.)

74. Cette analyse des formes grammaticales est à peu près
ce que les Grecs exprimaient par les termes ἐπιμερίζειν, ἐπιμερι-
σμός, surtout lorsque les mots étaient analysés par séries alpha-
bétiques. Voir les *Épimérismes* attribués à Hérodien, et la préface de M. Boissonade, en tête de cet opuscule qu'il a publié
pour la première fois (Londres, 1819). Dans le langage des classes
nous disons, d'une manière analogue, *faire les parties* d'un verbe.
En latin, Priscien donne un modèle excellent d'analyse grammaticale dans l'opuscule cité plus haut, note 69. Pour le français
on consultera le traité spécial de M. B. Jullien (Paris, 1851).

75. Voir l'*Abrégé synoptique de la Rhétorique*, publié par
M. Walz, *Rhetores Græci*, t. III, p. 564; les traités περὶ Σχημάτων
réunis dans le tome VIII du même recueil. Le petit traité de
Lesbonax, publié par Valckenaer à la suite de son édition d'*Am-
monius* (voy. plus bas, note 77); le Manuel de Grégoire de Co-
rinthe *sur les Dialectes* (édit. Bast, Boissonade et Schæfer, 1811).
Les grammairiens grecs ont poussé le scrupule sur ce sujet, jusqu'à faire du *solécisme* et du *barbarisme* des figures de grammaire. Voy. les divers opuscules publiés par M. Boissonade dans
ses *Anecdota Græca*, t. III, p. 229-270.

76. Encore faut-il avouer que les Latins se contentent souvent
de transcrire les noms donnés aux figures par les rhéteurs grecs.
Voyez, par exemple, le petit traité *De Figuris sententiarum et
elocutionis*, traduit sur un original grec, de Gorgias, par le rhéteur Rutilius Lupus. Quelquefois aussi les Latins recourent à la
périphrase; c'est ce que fait Cicéron pour un grand nombre de
figures de rhétorique (de *l'Orateur*, III, 40, 41, 53, etc.), après
avoir épuisé tout ce que la langue latine peut lui permettre de
composés ou de dérivés techniques.

77. Sur ce sujet il ne nous reste des Grecs et des Latins que
d'insignifiants opuscules : un *Recueil de Synonymes*, par Ammo-
nius, traduit en français par M. Pillon (Paris, 1824), qui a lui-
même publié plus tard (Paris, 1847) un *Dictionnaire de Synonymes grecs*; quelques chapitres de Varron, de Quintilien, de
Nonius Marcellus, de Priscien, et des observations éparses dans
Cicéron, Sénèque, etc. Les *Synonymes Latins* de Gardin Dumesnil
(1777) sont restés classiques, et se sont d'ailleurs enrichis d'utiles
additions dans les réimpressions qu'on en a faites après la mort
de l'auteur, mais ils ne peuvent soutenir la comparaison avec
l'ouvrage approfondi, publié par Dœderlein, de 1826 à 1838
(*Synonymes et Étymologies latines*, 6 vol. in-8°). On annonce, en
ce moment même, un nouveau *Traité des Synonymes latins*,

par MM. Barrault et Grégoire. — Sur la théorie générale des synonymes, consulter surtout la préface des *Nouveaux Synonymes français* par l'abbé Roubaud (Paris, 1785); celle du *Nouveau Dictionnaire universel des Synonymes*, par M. F. Guizot (Paris, 1809), qui vient d'être récemment réimprimé; enfin, les *Synonymes français* de M. F. Lafaye (Paris, 1841).

78. C'est la définition de M. Guizot dans l'ouvrage mentionné ci-dessus.

79. L'une de ces paraphrases est attribuée à Gaza (publiée à Florence, 1811); l'autre est anonyme, M. Bekker l'a publiée à la suite de son édition des *Scholies de Venise sur l'Iliade* (Berlin, 1827). C'est à la seconde que j'emprunte l'exemple cité dans le texte. Les scholiastes grecs et latins offrent aussi, quoique avec moins de continuité, ce même rapprochement des termes vulgaires et des mots poétiques; et comme, parmi les scholiastes, il y en a de fort modernes, leur style descend quelquefois jusqu'au grec vulgaire; il faut donc user avec discrétion et avec critique des synonymes qui abondent dans ces commentaires, soit grecs soit latins, sur les anciens auteurs.

80. Quintilien, *Institution de l'Orateur*, X, 5 : « Sed et illa ex
« Latinis conversio multum et ipsa contulerit. Ac de carminibus
« quidem neminem credo dubitare, quo solo genere exercita-
« tionis dicitur usus esse Sulpicius. Nam et sublimis spiritus attol-
« lere orationem potest, et verba poetica libertate audaciora,
« non præsumunt eadem proprie dicendi facultatem', etc. »

81. Sur cette timidité excessive de notre langue poétique, voy. une charmante lettre de Voltaire à Beauzée, 14 janvier 1768; et comparez la lettre du même à Frédéric II, alors prince de Prusse, 14 janvier 1737. Quant à la versification française, on en trouvera l'histoire et la théorie heureusement fondues ensemble, dans le traité de *Versification française*, par M. Quicherat, Paris, 1850.

82. Voy. surtout l'édition de Beauzée (1785), qui a été souvent réimprimée.

83. On peut se faire une idée de la hardiesse des Stoïciens dans leurs conjectures étymologiques, par le résumé que nous donne de leur méthode l'auteur des *Principia dialecticæ*, attribués à saint Augustin, chap. 6. Comparez un curieux fragment de Nigidius Figulus dans Aulu-Gelle, *Nuits Attiques*, X, 4. Galien a porté sur la science étymologique un jugement bien sévère, et que les grammairiens ont trop souvent pris à tâche de justifier : Ἀλαζών ἐστι μάρτυρ ἡ ἐτυμολογία, πολλάκις μὲν ὁμοίως μαρτυροῦσα

τοῖς τἀναντία λέγουσι τῶν ἀληθῶν, οὐκ ὀλιγάκις δὲ τοῖς ψευδομένοις μᾶλλον ἤ περ τοῖς ἀληθεύουσιν. (Sur les Dogmes de Platon et d'Hippocrate, II, 2). Parmi les ouvrages modernes sur l'étymologie dans les langues indo-européennes, outre ceux qui sont cités plus haut, note 2, je signalerai les *Recherches étymologiques* de Pott (Lemgo, 1835-1836).

84. On trouve cependant çà et là dans Varron des observations ingénieuses et sages sur les lois qui président au développement du langage et particulièrement sur l'étymologie des mots latins. Par exemple, de *Lingua latina*, V, 3 : « Neque omnis origo est « nostræ linguæ e vernaculis verbis, et multa aliud nunc osten- « dunt, aliud ante significabant. » *Ibid.*, VII, 4 : « Igitur de « originibus verborum qui multa dixerit commode, potius boni « consulendum, quam qui aliquid nequiverit, reprehendendum; « præsertim cum dicat Etymologice non omnium verborum « dici posse causam. » *Ibid.*, VIII, 4 : « Ut in hominibus « quædam sunt agnationes et gentilitates, sic in verbis. » (Idée qu'a ingénieusement développée, sans connaître Varron, Rivarol, dans son discours sur *l'Universalité de la langue française*, p. 18, 19, édit. 1797.) *Ibid.*, IX, 17 : « Consuetudo loquendi « est in motu; itaque solet fieri ex meliore deterior, ex dete- « riore melior, etc. » Il est donc à regretter que l'auteur nous détourne trop souvent, par la sécheresse et l'obscurité de son style, d'une lecture intéressante d'ailleurs et profitable sous tant de rapports. — Le *Manuel d'Étymologie latine*, de L. Dœderlein (Leipzig, 1841) peut être utile, mais seulement à ceux qui s'en serviront avec une défiance judicieuse.

85. Le plus savant et le plus ingénieux de ces systèmes est celui du président de Brosses : *Traité de la formation mécanique des Langues* (Paris, 1765), dont quelques idées ont survécu et gardé leur place dans la linguistique moderne. L'article *Etymologie*, par Turgot, dans l'*Encyclopédie méthodique*, contient aussi quelques vues justes et mérite encore aujourd'hui d'être consulté. — Sur les origines de notre langue, consulter, outre les ouvrages cités plus haut, notes 4 et 22; les *Observations sur la littérature provençale*, dans les *Essais historiques et littéraires*, de G. de Schlégel, p. 225 et suiv.; divers Mémoires publiés dans la Bibliothèque de l'École des Chartes; l'*Essai philosophique sur la formation de la langue française*, par M. Edel. Du Méril (Paris, 1852); sur les transformations ultérieures de la langue : l'*Archéologie française* de Ch. Pougens (Paris, 1821); les *Remarques sur la langue française*, de M. Fr. Wey (Paris, 1845); une thèse de M. A. Frémy, *Sur les variations du style français au XVIIᵉ siècle* (Paris, 1843); l'édition donnée par M. P. Ac-

kermann, de la *Différence et illustration de la langue françoise*, par J. Du Bellay (Paris, 1839); l'*Essai sur La Mothe Le Vayer* (Rennes, 1849), par M. L. Étienne; l'*Essai sur Amyot et les traducteurs français au* XVIe *siècle*, par M. A. de Blignières (Paris, 1851).

86. Quelques-unes de ces lois sont méthodiquement exposées, d'après la *Grammaire romane*, de M. Diez, dans une dissertation (en français) de M. Zange : *Exposition des lois qui gouvernent la permutation des lettres dans le passage des mots latins aux mots français* (Sondershausen, 1845). On rapporte à M. Jacob Grimm l'honneur d'avoir fondé les méthodes d'analyse qui ont renouvelé, depuis trente ans, la grammaire des langues européennes (*Grammaire allemande*, Gœttingue, 1819 et suiv.).

87. Varron, de *Lingua Latina*, IX, 16, fait, sur l'autorité de l'usage, cette observation spirituelle : « Cum sint in consuetu-
« dine contra rationem alia verba ita ut ea facile tolli possint, alia
« ut videantur esse fixa : quæ leviter hærent ac sine offensione
« commutari possint, statim ad rationem corrigi oportet; quæ
« tamen sunt ita ut in præsentia corrigere nequeas, quin ita
« dicas, his oportet, si possis, non uti : sic enim obsolescent, ac
« postea jam obliterata facilius corrigi poterunt. » Cf. *Ibid.* 7 et 115.

88. Vaugelas, *Remarques sur la langue française* aux mots *recouvert, recouvré* : « Pour moi, je dirai toujours *recouvré* avec les gens de lettres pour satisfaire à la règle et à la raison, et ne pas passer parmi eux pour un homme qui ignorât ce que les enfants sçavent; et *recouvert* avec toute la Cour, pour satisfaire à l'usage, qui, en matière de langue, l'emporte toujours par-dessus la raison. » Voir sur la méthode grammaticale de Vaugelas la thèse de M. E. Moncourt (Paris, 1851).

89. L'influence de l'Académie française sur le perfectionnement et les progrès de notre langue est appréciée d'une manière supérieure dans la Préface de la dernière édition de son Dictionnaire (1835). On sait que cette préface est due à la plume de M. Villemain.

90. Consulter sur les caractères généraux de la langue française, et sur les causes de son universalité, le mémoire célèbre de Rivarol couronné par l'Académie de Berlin, en 1784 (tom. II de ses OEuvres complètes, Paris, 1808); celui de Schwab, qui partagea le prix avec Rivarol (traduit de l'allemand par Robelot, en 1803); l'*Essai sur l'Universalité de la langue française*, par M. Allou (Paris, 1828); le Prospectus d'un nouveau dictionnaire de la langue française, par Rivarol (tome Ier de ses OEuvres complètes).

FIN.

TABLE DES MATIÈRES.

FIN.